Le livre
des
Coïncidences

CHEZ LE MÊME ÉDITEUR

Le Corps quantique — Trouver la santé grâce aux interactions corps/esprit

Un corps sans âge, un esprit immortel — Réponse de notre temps au vieillissement

Dr. DEEPAK CHOPRA

Le livre des Coïncidences

Vivre à l'écoute des signes que le destin nous envoie

Traduit de l'américain par Nathalie Koralnik

InterEditions

L'édition originale de cet ouvrage a été publiée aux Etats-Unis
sous le titre : *The Spontaneous Fulfillment of Desire - Harnessing the Infinite
Power of Coincidence*
© 2003 by Deepak Chopra, M.D.
Published by Harmony Books, New York, New York.
Member of the Crown Publishing Group, a division of Random House, Inc.
This translation published by arrangements with Harmony Books, a division
of Random House, Inc.

Fondation Chopra et Chopra Center for Well Being (Carlsbad, California)
www.chopra.com

© Dunod, Paris, 2004
ISBN 2 10 007378 8

À Rita, Mallika, Gotham, Candice, Sumanth et Tara,
vous orchestrez la danse synchronique de mon Univers

Sommaire

Deuxième partie

Vivre à l'écoute des coïncidences et voir ses désirs se réaliser

Moi, ardente lumière de sagesse divine,

J'enflamme la beauté des plaines,

Je fais scintiller les eaux.

Je consume le soleil, la lune et les étoiles,

Je régente tout avec sagesse.

J'orne la terre.

Je suis la brise qui nourrit toute chose verte.

Je suis la pluie qui naît de la rosée

Et emplit les herbes de joie de vivre

Et les fait rire.

Je déclenche les larmes, arôme du saint labeur.

Je suis l'aspiration au bien.

HILDEGARDE DE BINGEN
(1098 – 1179)

Introduction

CHAQUE VIE EST
UN TISSU DE COÏNCIDENCES

ES MIRACLES se produisent tous les jours. Pas seulement dans les villages reculés au fin fond des campagnes, mais ici même, dans notre vie. Ils jaillissent de leur source cachée, nous cernent d'occasions et d'aubaines puis disparaissent. Ils sont les étoiles filantes de la vie quotidienne. Quand nous apercevons des étoiles filantes, la rareté du phénomène nous les fait paraître magiques alors qu'en fait elles ne cessent de traverser le ciel. Pendant la journée, nous ne les remarquons pas, éblouis que nous sommes par la lumière du soleil, et elles ne se révèlent la nuit que si nous levons les yeux dans la bonne direction, par ciel clair.

Bien que nous les considérions comme des événements extraordinaires, les miracles aussi traversent notre conscience tous les jours. Nous pouvons choisir de les remarquer ou de les ignorer, inconscients que notre destin puisse se jouer là.

Que l'on devienne réceptif à la présence des miracles et instantanément la vie se transforme en une fascinante expérience, plus merveilleuse et plus excitante que ce que nous pourrions jamais imaginer. Qu'on l'ignore, et une occasion s'en est allée à jamais. La question qu'il faut se poser est la suivante : si vous étiez témoin d'un miracle, le reconnaîtriez-vous ? Si vous le reconnaissiez, que feriez-vous ? Et si, d'une manière ou d'une autre, vous pouviez orchestrer vos propres miracles, lesquels choisiriez-vous ?

Au-delà de votre personne physique, au-delà de vos pensées et de vos émotions réside à l'intérieur de vous un domaine de pur potentiel ; à partir de ce lieu, tout est possible. Même les miracles. En particulier les miracles. Cette partie de vous-même est entremêlée à tout ce qui existe et à tout ce qui doit venir à l'existence. J'ai consacré ma vie à explorer et à enseigner des manières de se mettre à l'écoute de ce champ infini de possibilités, afin que nous puissions réorienter et améliorer notre vie matériellement, émotionnellement, physiquement et spirituellement. Dans mes précédents ouvrages, je m'étais focalisé sur des objectifs spécifiques. J'ai par exemple décrit en détails comment atteindre une santé parfaite, découvrir le chemin de l'amour et apprendre à découvrir Dieu. Ce livre a été écrit dans un but plus large : vous donner les moyens de voir la profonde vérité derrière l'illusion de la vie quotidienne pour qu'ainsi vous découvriez votre vraie destinée, et vous montrer comment l'influencer. C'est la voie de l'accomplissement, qui mène finalement à l'éveil.

Pendant plus de dix ans, j'ai été fasciné par l'idée que les coïncidences jouent un rôle dans notre vie, qu'elles déterminent notre destinée. Il nous est tous arrivé de vivre des événements que l'on peut qualifier d'étonnants ou de mystérieux. Alors que vous êtes en train de nettoyer un placard, vous y trouvez un cadeau offert par quelqu'un que vous avez perdu de vue depuis des années et, une heure plus tard, de manière totalement inattendue, cette personne vous téléphone. Vous avez lu un article de journal sur un traitement expérimental du cancer de la peau et sans raison apparente, vous avez décidé de conserver ce journal. Un mois plus tard, un membre de votre famille vous appelle pour vous dire qu'on vient de lui diagnostiquer un cancer de la peau – et l'information contenue dans l'article que vous avez gardé influence ses choix thérapeutiques, ce qui, finalement, lui sauve la vie. Ou vous tombez en panne sur une route déserte et juste au moment où vous vous résignez à rester en rade pendant des heures, le premier véhicule qui arrive est... une dépanneuse.

De tels épisodes peuvent-ils n'être imputables qu'à de simples coïncidences ? Cela est certes possible, mais si on les examine de plus près, ils peuvent aussi s'avérer des aperçus du miraculeux. Chaque fois que nous vivons une expérience de ce genre, nous pouvons choisir de la reléguer au rang des occurrences aléatoires d'un monde chaotique, ou la reconnaître comme un événement potentiellement capable de changer le cours de notre vie. Je ne crois pas aux coïncidences dépourvues de sens. Je suis persuadé que chaque coïncidence est un message, un indice concernant une facette particulière de notre vie qui appelle notre attention.

Vous est-il déjà arrivé d'écouter cette « petite voix » calme et tranquille, tout au fond de vous-même ? Avez-vous jamais eu une sensation instinctive à propos de quelque chose ou de quelqu'un ? Cette petite voix et cette sensation profonde sont des formes de communication dont il vaut généralement la peine de tenir compte. Les coïncidences aussi sont une sorte de message. En accordant votre attention aux coïncidences de la vie, vous pouvez apprendre à entendre plus distinctement leurs messages. Et en comprenant les forces qui les modèlent, vous pouvez finir par les influencer, pour créer les coïncidences qui sont importantes pour vous, profiter des occasions qu'elles offrent et faire l'expérience de la vie comme d'un miracle en perpétuel déploiement, qui inspire l'émerveillement et le respect à chaque instant.

La plupart d'entre nous traversent la vie un peu effrayés, un peu nerveux, un peu excités. Nous sommes pareils à des enfants qui jouent à cache-cache, désirant qu'on les trouve, espérant le contraire, se rongeant les ongles d'impatience et d'appréhension. Nous nous inquiétons quand l'occasion se rapproche un peu trop, et quand la peur nous submerge nous nous cachons plus profondément dans l'obscurité. Ce n'est pas une bonne manière de traverser la vie. Les gens qui comprennent la véritable nature de la réalité, ceux que certaines traditions appellent « éveillés », perdent tout sens de crainte ou de souci. Toute inquiétude disparaît. Lorsque vous avez compris comment la vie fonctionne vraiment – comment chaque instant est dirigé par le flux d'énergie, d'information et d'intelligence –, vous commencez à voir l'extraordinaire potentiel que recèle l'instant présent. Les questions mondaines cessent tout simplement de vous tracasser. Vous êtes enjoué, plein de joie. Vous rencontrez aussi de plus en plus de coïncidences.

Quand vous vivez votre vie en appréciant les coïncidences et leur signification, vous vous reliez avec le champ, sous-jacent, de l'infini des possibles. C'est là que la magie commence. C'est un état que j'appelle *synchrodestinée*, dans lequel il devient possible d'atteindre la réalisation spontanée de tous nos désirs. La synchrodestinée demande que l'on pénètre intimement en soi-même tout en étant conscient de la danse complexe des coïncidences qui se déploient dans le monde physique. Elle exige que l'on comprenne la profonde nature des choses, que l'on reconnaisse la source de l'intelligence qui, continuellement, crée notre Univers, et que l'on ait cependant l'intention de saisir les opportunités spécifiques de changement lorsqu'elles se présentent.

Avant d'aller plus loin dans l'exploration de ce thème, faisons une petite expérience. Fermez les yeux et pensez à ce que vous avez fait au cours des dernières vingt-quatre heures. Puis remontez dans votre mémoire depuis l'instant où vous vous trouvez maintenant jusqu'à l'endroit où vous vous trouviez il y a exactement un jour. Intérieurement, faites apparaître autant de détails possibles des choses que vous avez faites, des pensées qui ont traversé votre esprit et des sentiments qui ont affecté votre cœur. Tout en faisant cela, choisissez dans ces dernières vingt-quatre heures un thème ou un sujet et concentrez-vous sur cette pensée particulière. Cela ne doit pas être nécessairement quelque chose d'important ou de spectaculaire – simplement quelque chose dont vous vous êtes occupé au cours de la journée. Si vous êtes allé à la banque, vous pourriez choisir l'argent ou les finances. Si vous avez eu une consultation chez le médecin, vous pourriez penser à la santé. Si vous avez joué au golf ou au tennis, vous pourriez vous concentrer sur le sport. Réfléchissez à ce thème pendant quelques secondes.

Maintenant, retournez cinq ans en arrière. Concentrez-vous sur la date d'aujourd'hui puis remontez dans le temps, année après année, jusqu'à ce que vous atteigniez la même date, cinq ans auparavant. Voyez si vous pouvez plus ou moins vous rappeler l'endroit où vous étiez et ce que vous faisiez à cette époque. Essayez de vous représenter votre vie d'alors aussi clairement que possible.

Lorsque vous avez créé une image mentale claire de votre vie d'il y a cinq ans, introduisez le thème ou le sujet des dernières vingt-quatre heures, quel qu'il soit, sur lequel vous avez choisi de vous concentrer – les finances, la santé, la religion etc. Retracez à présent votre implication avec ce sujet au cours de ces cinq années, jusqu'à aujourd'hui. Essayez de vous souvenir de tous les événements relatifs à ce domaine particulier de votre vie. Si par exemple vous avez choisi la santé, vous pourriez vous rappeler toutes les maladies que vous avez eues, comment elles vous ont conduit d'un médecin à un autre, comment vous avez peut-être décidé d'arrêter de fumer et en quoi cela a affecté différents aspects de votre vie, ou vous pourriez vous rappeler le régime que vous avez choisi, ou n'importe laquelle des milliers d'autres possibilités. Allez-y, commencez cet exercice maintenant.

Pendant que vous pensiez au sujet que vous avez choisi, que vous exploriez comment il a évolué dans votre vie et quel a été son impact sur la façon dont vous vivez aujourd'hui, je suis certain que vous avez découvert de nombreuses « coïncidences ». Tant de choses dans la vie reposent sur des rencontres fortuites, des retournements de situation, des chemins qui soudain bifurquent dans une nouvelle direction. Et il est probable que des connexions se soient très rapidement établies entre ce sujet et d'autres domaines de votre vie, même s'il paraissait très insignifiant au départ. Suivre ainsi votre histoire personnelle peut grandement vous aider à comprendre le rôle que les coïncidences ont joué dans votre vie. Vous pouvez voir comment, si les choses s'étaient passées à peine différemment, vous auriez pu vous retrouver ailleurs, avec d'autres personnes, dans un autre travail, à suivre une trajectoire de vie totalement différente.

Même si vous pensez que votre existence est déjà toute tracée, des événements se produisent qui influencent votre destinée de façon que vous n'auriez jamais pu imaginer. Les coïncidences ou les petits miracles qui ont lieu tous les jours de votre vie sont autant d'allusions au fait que l'Univers a pour vous des projets beaucoup plus importants que vous n'auriez pu en rêver pour vous-même. Ma vie, qui semble aux autres si bien définie, est pour moi une perpétuelle surprise. Et mon passé, de même, est plein de coïncidences remarquables qui m'ont conduit à devenir qui je suis aujourd'hui.

Mon père a servi dans l'armée indienne en tant que médecin personnel de Lord Mountbatten, le dernier Gouverneur Général de l'Empire Britannique en Inde. Pendant qu'il assumait ses fonctions, mon père passa beaucoup de temps avec Lady Mountbatten et ils devinrent amis. À travers cette amitié, mon père fut encouragé à demander une bourse pour devenir membre du Collège Royal de Médecine, ce qui l'emmena en Angleterre lorsque j'avais environ six ans. Peu après, ma mère quittait l'Inde à son tour pour rejoindre mon père pendant quelque temps, tandis que mon jeune frère et moi-même étions confiés à la garde de nos grands-parents.

Un beau jour, mon père envoya d'Angleterre un télégramme annonçant qu'il avait réussi tous ses examens. Ce fut un événement historique pour tout le monde. Mon grand-père, si fier du talent de son fils, nous emmena faire la fête. Jamais, de toute notre jeune existence, nous n'avions connu tant d'excitation ! Il nous emmena d'abord au cinéma, puis au carnaval, puis dans un restaurant familial. Il nous acheta des jouets et des sucreries. Cette journée fut un glorieux tourbillon de bonheur. Mais plus tard dans la nuit, mon frère et moi fûmes tirés de notre sommeil par des gémissements et des plaintes. Bien que nous ne l'apprîmes pas tout de suite, mon grand-père venait de mourir et le son qui nous avait réveillé était celui des pleurs des femmes en deuil. Son corps fut emporté et brûlé, et ses cendres dispersées dans le Gange.

Mon frère et moi fûmes profondément affectés. Couché sur mon lit, je restais éveillé des nuits entières à me demander où était mon grand-père, et si son âme avait survécu d'une manière ou d'une autre après sa mort. La réaction de mon frère fut différente – sa peau se mit à peler, comme des suites d'un mauvais coup de soleil. Il n'y avait à cela aucune raison physique et nous consultâmes plusieurs médecins. Un docteur avisé reconnut que du fait des événements traumatiques récents, mon frère se sentait certainement vulnérable et exposé, et que cette peau qui pelait était un signe extérieur de sa vulnérabilité. Il prédit que ce symptôme disparaîtrait lorsque mes parents reviendraient en Inde. Et c'est effectivement ce qu'il advint.

En regardant en arrière, je peux voir en ces premiers événements les graines du travail de toute ma vie – ma quête pour comprendre la nature de l'âme et mes recherches sur la relation entre l'esprit et le corps dans le domaine de la santé. Le choix de ma profession est le fruit d'une longue série de coïncidences qui commence où que je décide de regarder – dans le cas présent avec l'amitié entre Lady Mountbatten et mon père.

D'autres événements en apparence dus au hasard m'influencèrent davantage. À l'école, mon meilleur ami était un jeune garçon nommé Oppo. Il maniait les mots avec beaucoup d'habileté. Au cours d'anglais, il avait toujours les meilleures notes en rédaction. Il était aussi très sympathique et j'adorais sa compagnie. Tout ce qu'Oppo faisait, je voulais le faire aussi. Lorsqu'il décida de devenir écrivain, je fis le même choix.

Mon père, cependant, rêvait pour moi d'une carrière de médecin. Lorsque nous nous assîmes pour en discuter ensemble, je lui dis : « Non. Je ne veux pas être médecin. Je n'ai aucun intérêt pour la médecine. Je veux devenir un grand écrivain. Je veux écrire des livres. » Peu de temps après, pour mon quatorzième anniversaire, mon père m'offrit de superbes livres, dont *Servitude humaine* de W. Somerset Maugham, *Arrowsmith* de Sinclair Lewis et *Une merveilleuse obsession* de Lloyd C. Douglas. Bien qu'il ne me l'ait pas dit à l'époque, tous ces livres parlent de médecins. Et ils me firent une impression telle qu'ils instillèrent en moi le désir d'en devenir un.

Devenir médecin me parut être un moyen idéal pour commencer à explorer la spiritualité. Je pensais qu'en éclaircissant les mystères du corps humain, il se pourrait qu'un jour j'atteigne le niveau de l'âme. Si je n'avais pas rencontré Oppo, je n'aurais peut-être jamais développé mon amour pour la littérature et l'écriture. Et si mon père avait agit différemment, s'il avait combattu ma décision d'être écrivain au lieu de m'encourager avec des livres sur des médecins, je serais peut-être devenu journaliste. Mais ces deux événements sans lien apparent entre eux et ce réseau de relations – de Lady Mountbatten à mon père, à mon grand-père et mon frère, à Oppo – furent mutuellement synchronisés. Ce fut comme si une conspiration de coïncidences avait déterminé mon histoire personnelle et m'avait guidé vers la vie que j'apprécie si pleinement aujourd'hui.

Nous sommes tous immergés dans un réseau de coïncidences qui nous inspire et nous aide à diriger notre vie. À cet instant précis, ma destinée m'a conduit à écrire cet ouvrage, à communier avec vous par l'intermédiaire des mots sur cette page. Le simple fait que vous lisiez ces lignes en ce moment – que vous soyez entré dans la bibliothèque ou la librairie, que vous ayez trouvé ce livre, choisi de l'ouvrir et que vous investissiez du temps et de l'énergie à apprendre ce qu'est la synchrodestinée – représente l'une de ces coïncidences qui peuvent changer le cours d'une vie. Par quelles circonstances êtes-vous arrivé jusqu'à ce livre ? Comment l'avez-vous choisi parmi des milliers d'autres ? À quels changements avez-vous pensé, que vous aimeriez faire dans votre vie, en parcourant les premiers paragraphes ?

Si l'on veut comprendre et vivre la synchrodestinée, voir le tissu des coïncidences dans notre vie n'est cependant qu'une première étape. La suivante consiste à devenir conscient des coïncidences lorsqu'elles se produisent. Il est facile de les constater rétrospectivement, mais si vous les saisissez au moment où elles surviennent, vous êtes en meilleure position pour profiter des occasions qu'elles peuvent offrir. De plus, la conscience se transmue en énergie. Plus on est attentif aux coïncidences, plus il est probable qu'elles se manifestent, ce qui signifie que l'on devient de plus en plus réceptif aux messages qui nous sont envoyés sur le chemin et la direction de notre vie.

La dernière étape de l'expérience de la synchrodestinée dans la vie arrive lorsque l'on devient pleinement conscient de l'interrelation de toute chose, de la façon dont chacune affecte la suivante, dont elles sont toutes synchronisées les unes par rapport aux autres. Être « synchro » est une expression familière pour « synchronisation », qui signifie être à l'unisson, faire un. Représentez-vous un banc de poissons nageant dans une direction. En une fraction de seconde, tous les poissons changent de direction. Ce n'est pas qu'il y ait un chef qui donne des ordres, ou que les poissons pensent : « Celui qui est devant moi a tourné à gauche, je devrais donc tourner à gauche. » Tout se passe simultanément. Cette synchronisation est orchestrée par une grande et vaste intelligence qui demeure au cœur de la Nature et qui se manifeste en chacun de nous à travers ce que nous appelons l'âme.

Lorsque nous apprenons à vivre au niveau de l'âme, bien des choses se produisent. Nous prenons conscience des schémas subtils et des rythmes synchroniques qui gouvernent toute vie. Nous comprenons les vies entières de mémoire et d'expérience qui nous ont modelés jusqu'à devenir les personnes que nous sommes aujourd'hui. La crainte et l'anxiété s'évanouissent tandis qu'émerveillés, nous observons le déploiement du monde. Nous remarquons le tissu de coïncidences qui nous entoure et nous réalisons que même les plus petits événements ont un sens. Nous découvrons qu'en portant notre attention et notre intention à ces coïncidences, nous pouvons générer des résultats spécifiques dans notre vie. Nous nous connectons à chaque personne et à chaque chose dans l'Univers et reconnaissons l'esprit qui nous unit tous. Nous dévoilons le merveilleux profondément caché en nous et nous nous délectons de notre gloire nouvellement découverte. Nous donnons consciemment à notre destinée la forme des infinies expressions créatives qu'elle est appelée à manifester, réalisant ainsi nos rêves les plus profonds, et nous nous approchons de l'éveil.

Tel est le miracle de la synchrodestinée.

Les pages qui suivent s'organisent en deux parties. La première explore la dynamique à l'œuvre dans les phénomènes des coïncidences, de la synchronicité et de la synchrodestinée. Elle répond à la question « comment ça marche ? » La seconde partie traite des sept règles de vie de la synchrodestinée et propose un programme quotidien pour utiliser ce que vous avez appris. Elle répond à la question « quel sens cela a-t-il pour moi ? »

Ceux d'entre vous qui sont fortement orientés vers un but ou qui ont déjà lu tous mes livres seront peut-être tentés de passer directement aux leçons, mais il y a ici des nuances, de nouvelles informations et des observations précises que vous souhaiterez comprendre avant d'aller plus avant. Tenez également compte du fait que le concept de synchrodestinée a évolué au cours des dix dernières années et qu'il continue à évoluer. Si dans le passé, vous avez participé à une formation sur la synchrodestinée ou écouté des enseignements sur cassettes, je vous invite à considérer que ce livre pourrait aussi bien s'intituler *Synchrodestinée I* – une introduction au sujet – que *Synchrodestinée II* – une compréhension plus approfondie et plus claire de ce phénomène, tant sur le plan théorique que sur celui de l'expérience.

J'encourage ceux qui me lisent pour la première fois et qui ne connaissent pas mon travail à ne pas perdre le rythme. Je me suis vraiment efforcé de rendre cet ouvrage particulièrement accessible, et j'espère avoir réussi. Cependant, nous traitons de questions profondes, et peut-être vous direz-vous parfois que vous n'y « comprendrez jamais rien ». Il en sera tout autrement. Tâchez de ne pas rester coincé sur un paragraphe ou sur une page. Chaque chapitre se construit sur la base du précédent, et les lecteurs s'aperçoivent généralement que les derniers chapitres clarifient des points qui, à la première rencontre, étaient moins évidents. Nous avons ici deux objectifs. L'un est de comprendre comment fonctionne la synchrodestinée ; l'autre est d'apprendre des techniques spécifiques pour tirer profit de son pouvoir dans notre vie quotidienne.

Ce livre ne changera pas votre vie du jour au lendemain, mais si vous êtes prêt à consacrer un petit peu de temps tous les jours, vous découvrirez que les miracles sont non seulement possibles, mais qu'ils abondent. Les miracles peuvent se produire chaque jour, à toute heure, à chaque minute de votre vie. En ce moment même, les graines d'une destinée parfaite sommeillent en vous. Libérez leur potentiel et vivez une existence plus miraculeuse que tous les rêves. Voici comment.

Première partie

Un
UNIVERS
de POSSIBILITÉS
INFINIES

1

Matière, conscience mentale et esprit

Nos trois niveaux d'existence

D
ÈS L'INSTANT où nous devenons conscients du monde qui nous entoure, nous commençons à réfléchir à la place que nous y occupons. Les questions que nous nous posons sont éternelles : « Pourquoi suis-je ici ? Quel est mon rôle dans tout cela ? Quel est mon destin ? » Enfants, nous avons tendance à nous représenter le futur comme une feuille blanche sur laquelle nous allons pouvoir écrire nos propres histoires. Les possibilités semblent infinies ; la promesse de la découverte et le pur plaisir de vivre immergés dans tant de potentiel nous emplissent d'énergie. Mais nous grandissons, devenons adultes, « apprenons » à connaître nos limitations, et notre perspective du futur se restreint. Ce qui un jour avait stimulé notre imagination nous accable à présent d'un sentiment de crainte et d'anxiété. Ce qui paraissait sans limite devient étroit et sombre.

Il existe un moyen de regagner la joie et l'enthousiasme d'un potentiel infini. Tout ce qu'il faut pour cela est une compréhension de la véritable nature de la réalité, le désir de reconnaître l'interconnexion et l'inséparabilité de toute chose. Ensuite, à l'aide de techniques spécifiques, vous verrez le monde s'ouvrir à vous, et la chance et les opportunités qui se présentaient de temps à autre arriveront de plus en plus souvent. Quelle est la puissance de la synchrodestinée ? Imaginez un instant que vous vous trouvez, une lampe de poche à la main, dans une pièce totalement sombre. Vous allumez votre lampe et vous apercevez un magnifique tableau accroché au mur. Vous pensez : « Voilà certainement une splendide œuvre d'art, mais y a-t-il d'autres choses ici ? » Soudain, la pièce s'illumine par le haut. Vous regardez autour de vous et vous réalisez que vous êtes dans un musée, et que tous les murs qui vous entourent sont recouverts de centaines de tableaux, tous plus beaux les uns que les autres. Alors que toutes ces possibilités se révèlent à vous, vous réalisez que vous avez devant vous une vie entière pour étudier et aimer l'art. Votre perspective ne se limite plus à un seul tableau faiblement éclairé par le faisceau de votre lampe de poche.

Telle est la promesse de la synchrodestinée. Elle allume les projecteurs. Elle nous rend capables de remplacer les tâtonnements d'aveugles par de vraies décisions au fur et à mesure que nous avançons dans la vie. Elle nous permet de voir dans le monde un sens, de comprendre la connexion ou la synchronicité de toute chose, de choisir le genre de vie que nous voulons vivre et de mener à bien notre voyage spirituel. Avec la synchrodestinée, nous pouvons transformer notre existence selon nos intentions.

La première étape, pour vivre ainsi, est de comprendre la nature des trois niveaux d'existence.

LE DOMAINE PHYSIQUE

Le premier niveau d'existence est physique ou matériel. C'est l'Univers visible, le monde que nous connaissons le mieux, ce que nous appelons le monde « réel ». Il englobe la matière et les objets dotés de frontières déterminées, tout ce qui est tri-dimensionnel, et inclut tout ce dont nous faisons l'expérience à l'aide de nos cinq sens – tout ce que nous pouvons voir, entendre, éprouver physiquement, goûter et sentir. Il com-prend notre corps, le vent, la terre, l'eau, les gaz, les animaux, les microbes, les molécules et les pages de ce livre.

Dans le domaine physique, le temps paraît s'écouler en une ligne si droite que nous l'appelons la flèche du temps – du passé au présent et vers le futur. Cela signifie que tout, dans le domaine physique, a un commencement, un milieu et une fin, et est par conséquent impermanent. Les êtres sensibles naissent et meurent. Les montagnes s'élèvent, jaillissant du noyau en fusion du globe terrestre, et sont à nouveau abais-sées par l'implacable érosion de la pluie et du vent.

Le monde physique, tel que nous en faisons l'expérience, est gouverné par d'immuables lois de cause à effet de sorte que tout y est prévisible.

La physique de Newton nous permet de prévoir l'action et la réaction, ce qui fait que lorsque des boules de billard se percutent à une vitesse particulière et dans un certain angle, nous pouvons anticiper avec exactitude la trajectoire qu'empruntera chacune d'elles sur la table de billard. Les scientifiques peuvent calculer précisément le moment où une éclipse solaire se produira, ainsi que sa durée. Toute la com-préhension de « bon sens » que nous avons du monde pro-vient de ce que nous savons de ce domaine physique.

Second niveau
LE DOMAINE QUANTIQUE

Au second niveau d'existence, tout est information et énergie.
C'est ce que l'on appelle le domaine quantique. À ce niveau,
tout est insubstantiel, ce qui veut dire que rien ne peut être
touché ni perçu par aucun des cinq sens. Votre conscience
mentale, vos pensées, votre ego, la partie de vous à laquelle
vous vous référez habituellement comme à votre « soi » font
tous partie du domaine quantique. Ces choses n'ont pas de
solidité, et cependant vous savez que votre soi et vos pensées
sont réels. Le domaine quantique, bien qu'il soit particulièrement confortable d'y penser en termes d'esprit, recouvre un
champ bien plus vaste. Tout, dans l'Univers visible, est en fait
une manifestation de l'énergie et de l'information du domaine
quantique. Le monde matériel est un sous-ensemble du
monde quantique.

Une autre manière de formuler cela est de dire que tout,
dans le domaine physique, est constitué d'information et
d'énergie. La fameuse équation d'Einstein, $E = MC^2$, nous
apprend que l'énergie (E) est égale à la masse (M) multipliée
par la vitesse de la lumière (C) au carré. Cela nous dit que la
matière (la masse) et l'énergie sont une même chose, mais
sous des formes différentes – l'énergie *équivaut* à la masse.

L'une des premières leçons de sciences que l'on apprend à
l'école énonce que tout objet solide est fait de molécules, et
que les molécules sont constituées de plus petites unités appe-
lées atomes. Nous en venons à comprendre que cette chaise
apparemment solide sur laquelle nous sommes assis est cons-
tituée d'atomes, si petits qu'il est impossible de les voir sans
l'aide d'un puissant microscope. Plus tard, dans la leçon, nous
apprenons que ces minuscules atomes sont faits de particules
subatomiques qui n'ont aucune solidité. Elles sont, au sens
propre, des paquets ou des ondes d'information et d'énergie.

Cela signifie que, à ce second niveau d'existence, la chaise sur laquelle vous êtes assis n'est rien d'autre que de l'énergie et de l'information.

Ce concept peut être au premier abord malaisé à comprendre. Comment des ondes invisibles d'énergie et d'information peuvent-elles être expérimentées comme des objets solides ? La réponse est que, dans le domaine quantique, les événements se produisent à la vitesse de la lumière, et qu'à cette vitesse nos sens sont tout simplement incapables de traiter la totalité des éléments qui contribuent à notre expérience perceptuelle. Nous percevons les objets comme différents les uns des autres parce que les ondes d'énergie contiennent différents types d'information, qui sont déterminés par la fréquence ou la vibration de ces ondes d'énergie. C'est comme lorsqu'on écoute la radio. Un poste réglé sur une station, disons 101.5 FM, n'émettra peut-être que de la musique classique. Modifiez à peine la fréquence, réglez-le sur, mettons, 101.9, et vous n'entendrez que du rock and roll. L'énergie code pour des informations différentes en fonction de la manière dont elle vibre.

Ainsi, le monde physique, le monde des objets et de la matière, n'est-il fait de rien d'autre que d'information contenue dans de l'énergie vibrant à différentes fréquences. La raison pour laquelle nous ne voyons pas le monde comme un gigantesque réseau d'énergie est qu'il vibre trop vite. Nos sens, parce qu'ils fonctionnent si lentement, ne sont capables d'enregistrer que des portions de cette énergie et de cette activité, et ces agglomérats d'information deviennent « la chaise », « mon corps », « l'eau » et tous les autres objets physiques de l'Univers visible.

Cela ressemble à ce qui se passe lorsque nous regardons un film. Comme vous le savez, un film est constitué de nombreux instantanés photographiques, avec un espace entre chaque image. Si vous observiez une bande cinématographique sur sa bobine dans une salle de projection, vous verriez les images et les intervalles. Mais lorsque nous regardons le film lui-même, les images sont reliées et défilent si vite que nos sens n'identifient plus d'instantanés discontinus. Bien plutôt, nous percevons un courant constant et régulier d'information.

Au niveau quantique, les différentes portions de champs d'énergie qui vibrent à des fréquences différentes et que nous percevons comme des objets solides font tous partie d'un champ d'énergie collectif. Si nous étions capables de percevoir tout ce qui se passe sur le plan quantique, nous verrions que nous faisons tous partie d'une gigantesque « soupe d'énergie », et que tout – chacun d'entre nous et tous les objets du domaine physique – n'est qu'un conglomérat d'énergie flottant dans cette soupe d'énergie. À chaque instant, votre champ d'énergie entre en contact avec et agit sur tous les autres champs d'énergie, et chacun de nous réagit d'une manière ou d'une autre à cette expérience. Nous sommes tous des expressions de cette énergie et de cette information communes. En fait, il nous arrive parfois de ressentir cette connexion. Il s'agit d'une sensation généralement très subtile, mais qui à certaines occasions devient plus tangible. La plupart d'entre nous ont déjà fait l'expérience d'entrer dans une pièce et d'y sentir une « tension si dense qu'on pourrait la couper au couteau », ou de se trouver dans une église ou un lieu saint et d'avoir l'impression d'être englouti par une sensation de paix. C'est l'énergie collective de l'environnement qui se mêle à notre propre énergie, et nous captons ce phénomène à un certain niveau.

Dans le domaine physique aussi, nous échangeons constamment de l'énergie et de l'information. Imaginez que vous êtes debout, dans la rue, et que vous sentez l'odeur d'une cigarette fumée par quelqu'un qui marche vingt mètres devant vous. Cela signifie que vous inhalez le souffle de cette personne à une distance d'environ vingt mètres. Cette odeur n'est qu'un marqueur, signalant que vous respirez le souffle de quelqu'un d'autre. Si le marqueur n'était pas présent, si la personne marchant devant vous ne fumait pas, vous inhaleriez quand même l'air qu'elle expire, mais sans le savoir puisqu'il n'y aurait pas de fumée de cigarette pour vous le signaler. Et qu'est-ce que le souffle ? C'est le dioxyde de carbone et l'oxygène qui proviennent du métabolisme de chaque cellule du corps de cet étranger. C'est ce que vous respirez, tout comme d'autres personnes respirent votre souffle. Nous sommes donc constamment en train d'échanger des petits bouts de nous-mêmes – des molécules physiques, mesurables, de notre corps.

À un niveau plus profond, il n'y a vraiment aucune frontière entre nous-mêmes et tout le reste du monde. Lorsque vous touchez un objet, il semble solide, comme s'il y avait entre lui et vous une délimitation distincte. Les physiciens diraient que nous faisons l'expérience de cette frontière comme quelque chose de solide parce que tout est fait d'atomes, et la solidité est la sensation produite par des atomes heurtant des atomes. Mais réfléchissez à ce qu'est un atome. Un atome possède un petit noyau entouré d'un large nuage d'électrons. Il n'y a pas de coquille rigide, seulement un nuage d'électrons. Pour visualiser cela, imaginez une cacahuète au milieu d'un stade de foot ball. La cacahuète représente le noyau, et le stade, la dimension du nuage d'électrons autour du noyau. Lorsque nous touchons un objet, nous percevons la solidité quand les nuages d'électrons se rencontrent. Telle est notre interprétation de la solidité, étant donnée la sensibilité (ou la relative insensibilité) de nos sens. Nos yeux sont programmés pour voir des objets sous forme tridimensionnelle et solide. Nos terminaisons nerveuses sont programmées pour sentir des objets de manière tridimensionnelle et solide. Dans la réalité du domaine quantique, toutefois, il n'y a pas de solidité. Y a-t-il solidité lorsque deux nuages se rencontrent ? Non. Ils se mélangent et se séparent. Un phénomène semblable se produit lorsque vous touchez un autre objet. Vos champs d'énergie (et les nuages d'électrons) se rencontrent, de petites portions se mélangent, puis vous vous séparez. Bien que vous vous perceviez comme complet, vous avez laissé un petit peu de votre champ d'énergie à l'objet et vous avez gagné un petit peu de son champ d'énergie en échange. À chaque rencontre, nous échangeons de l'information et de l'énergie, et c'est à peine changés que nous nous en allons. De cette manière également, nous pouvons voir à quel point nous sommes reliés à toutes les autres choses du monde physique. Nous sommes constamment en train de partager des portions de notre champ d'énergie, de sorte qu'à ce niveau quantique, au niveau de notre esprit et de notre « soi », nous sommes tous connectés. Nous sommes corrélés les uns avec les autres.

Ce n'est donc que dans notre conscience qu'à partir de l'énergie et de l'information pures nos sens limités créent un monde solide. Mais que se passerait-il si nous pouvions voir le domaine quantique – si nous avions des « yeux quantiques » ? Dans le domaine quantique, nous verrions que tout ce que nous considérons comme solide dans le monde physique, en fait, entre et sort en alternance d'un vide infini à la vitesse de la lumière. Tout comme les séquences d'images fixes et d'intervalles d'une bande de film, l'Univers est un phénomène de type « marche-arrêt ». La continuité et la solidité du monde n'existent que dans l'imagination, alimentées par les sens incapables de discerner les ondes d'énergie et d'information qui forment le niveau quantique d'existence. En réalité, nous sommes tous, par intermittence, dans et hors de l'existence – comme si nous « clignotions ». Si nous pouvions régler nos sens avec précision, nous verrions véritablement les espaces, les discontinuités dans notre existence. Nous sommes ici, puis nous n'y sommes plus, puis nous réapparaissons. La sensation de continuité n'est maintenue que par nos souvenirs.

Une analogie illustre ce point. Les scientifiques savent qu'un escargot a besoin de trois secondes pour enregistrer la lumière. Imaginez donc qu'un escargot soit en train de me regarder, que je quitte la pièce, cambriole une banque et revienne trois secondes plus tard. Pour l'escargot, je n'ai jamais quitté la pièce. Auprès d'un tribunal, cet escargot me fournirait un alibi parfait. Pour l'escargot, le temps que j'ai passé hors de la chambre tomberait dans l'un de ces intervalles entre les images de l'existence, intermittente, clignotante. Son sens de la continuité, à supposer que l'escargot en ait un, n'enregistrerait tout simplement pas cette interruption.

L'expérience sensorielle de tous les êtres vivants est ainsi une construction perceptuelle purement artificielle créée dans l'imagination. Dans une histoire zen, deux moines regardent un drapeau qui flotte au vent. Le premier dit : « Le drapeau ondule. » Le second dit : « Non, c'est le vent qui bouge. » Leur maître arrive et l'un d'eux lui demande : « Qui a raison ? Je dis que le drapeau bouge, et lui affirme que c'est le vent. » « Vous avez tort tous les deux, répond le maître. Seule la conscience bouge. » Et alors que la conscience bouge, elle crée le monde en l'imaginant.

Ainsi l'esprit est-il un champ d'énergie et d'information. Chaque idée est également énergie et information. Vous avez imaginé et fait naître votre corps physique et la totalité du monde physique en percevant une soupe d'énergie comme des entités physiques distinctes. Mais d'où vient donc l'esprit responsable de cette imagination ?

Troisième niveau
LE DOMAINE NON LOCALISÉ

Le troisième niveau d'existence est intelligence, ou conscience. On peut l'appeler domaine virtuel, domaine spirituel,

champ de potentiel, être universel ou intelligence non localisée. C'est là que l'information et l'énergie émergent d'un
océan de possibilités. Le niveau le plus fondamental, le plus
élémentaire de la Nature n'est pas matériel, ce n'est même pas
une soupe d'énergie et d'information, mais du potentiel pur.
Ce niveau de réalité non localisée opère au-delà de la portée
de l'espace et du temps, qui n'existent simplement pas à ce
niveau. Nous l'appelons « non localisé » parce qu'il ne peut
être délimité localement – il n'est pas « en » vous ni « là bas ».
Simplement, il est.

L'intelligence du domaine spirituel est ce qui organise la
« soupe d'énergie » en entités connaissables. C'est ce qui
assemble les particules quantiques en atomes, les atomes en
molécules, les molécules en structures. C'est la force organisatrice derrière toute chose. Ce concept peut être malaisé à
saisir. Un moyen relativement simple de penser à ce domaine
virtuel est de reconnaître la nature duelle de vos propres pensées. Pendant que vous lisez ces mots, vos yeux voient les
caractères imprimés en noir sur la page et votre esprit traduit
ces impressions en symboles – lettres et mots – puis essaie de
déduire leur sens. Mais prenez du recul et posez-vous la question : « Qui est-ce qui lit ? Quelle est la conscience sous-
jacente à ces pensées ? » Devenez conscient de la dualité de
ces processus intérieurs. Votre esprit est occupé à décoder,
analyser, traduire. Alors, qui est-ce qui est en train de lire ? Il
se peut que ce petit déplacement de l'attention vous permette
de prendre conscience qu'il y a au sein de vous-même une
présence, une force qui est toujours en train d'expérimenter.
C'est l'âme, ou l'intelligence non localisée, et son expérience
a lieu au niveau virtuel.

Tout comme l'information et l'énergie fabriquent le monde
physique, ce domaine non localisé (« sans localisation ») crée
et orchestre l'activité de l'information et de l'énergie. Selon
le Docteur Larry Dossey, auteur fort connu et pionnier dans

le domaine de la métaphysique, les événements non localisés ont trois qualités qui les distinguent des événements limités au monde physique. Ils sont corrélés, et cette corrélation est *non médiate, non diminuée* et *instantanée*. Explorons brièvement ce qu'il entend par là.

Le comportement de deux événements subatomiques, ou plus, est une *relation réciproque acausale*, ce qui signifie qu'« un événement n'est pas la cause d'un autre événement, et cependant le comportement de l'un est immédiatement corrélé avec celui de l'autre, ou lui est immédiatement coordonné ». En d'autres termes, ils semblent danser sur le même air bien qu'ils ne communiquent pas l'un avec l'autre au sens habituel. Voilà ce que veut dire *non médiate*.

La corrélation entre ces événements non localisés est également *non diminuée*, ce qui signifie que la force de la corrélation n'est pas affectée par la distance spatiale et temporelle. Si par exemple vous et moi étions dans une même pièce à discuter, ou dehors de part et d'autre d'une rue, ma voix vous semblerait très différente. À cette plus grande distance, ma voix vous paraîtrait plus faible, voire inaudible. Si vous étiez dans le domaine non localisé, vous m'entendriez distinctement, *indépendamment du fait que je me trouve près de vous, de l'autre côté de la rue, à deux kilomètres ou sur un autre continent.*

Troisièmement, *instantané* signifie qu'aucun temps de voyage n'est nécessaire aux événements non localisés. Nous savons tous que la lumière et le son voyagent à des vitesses différentes, et c'est la raison pour laquelle nous voyons les éclairs au loin avant d'entendre le grondement du tonnerre. Avec les événements non localisés, un tel décalage n'existe pas, parce que les corrélations non localisées ne suivent pas les lois de la physique classique. Il n'y a pas de signal, il n'y a pas de lumière et il n'y a pas de son. Il n'y a pas de « chose » qui ait à voyager. Les corrélations entre les événements qui se produisent au niveau non localisé ou virtuel ont lieu instantanément, sans cause, et sans affaiblissement dû au temps ou à la distance.

L'intelligence non localisée est partout en même temps et peut causer de multiples effets simultanément en divers endroits. C'est depuis ce domaine virtuel que tout, dans le monde, est organisé et synchronisé. Il est, d'ailleurs, la source des coïncidences si importantes pour la synchrodestinée. Lorsque vous apprenez à vivre à ce niveau, vous pouvez spontanément exaucer chacun de vos désirs. Vous pouvez faire des miracles.

PREUVE DE L'EXISTENCE DU DOMAINE VIRTUEL

Le domaine virtuel n'est pas une création de l'imagination, le fruit de la nostalgie humaine pour une force qui nous dépasse. Bien que les philosophes discutent et débattent de l'existence de l'« esprit » depuis des milliers d'années, la science n'a pu offrir la preuve de l'existence de l'intelligence non localisée que depuis le vingtième siècle. Et bien que la discussion qui suit soit quelque peu complexe, j'espère que, si vous la lisez jusqu'au bout, vous éprouverez le même sentiment d'émerveillement et d'excitation que moi lorsque j'ai entendu parler de ce travail pour la première fois.

Comme la plupart d'entre nous l'avons appris au cours de sciences, l'Univers est fait de particules solides et d'ondes. On nous a enseigné que les particules étaient les composants de tous les objets solides du monde. Par exemple, nous avons appris que les plus petites unités de matière, comme les électrons d'un atome, sont des particules. De même, nous avons appris que les ondes – telles que les ondes sonores et lumineuses – ne sont pas solides. Il n'y avait aucune confusion entre les deux, les particules étaient des particules et les ondes, des ondes.

Les physiciens ont découvert ensuite qu'une particule subatomique fait partie de ce que l'on appelle un faisceau d'onde.
Si les ondes d'énergie sont habituellement continues, avec des
pics et des creux également espacés, un faisceau d'onde est
une concentration d'énergie (imaginez une petite balle
d'énergie statique avec des pics et des creux aigus, rapides,
représentant l'amplitude de l'onde).

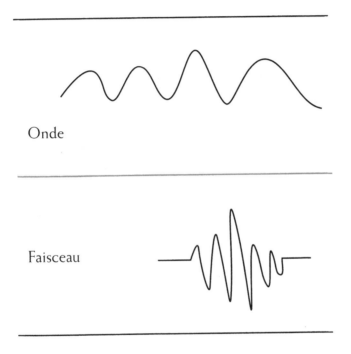

Onde

Faisceau

Il y a deux questions que nous pouvons nous poser à propos
de la particule dans ce faisceau d'onde : (1) où est-elle, et (2)
quelle est sa vitesse ? Les physiciens ont découvert que l'on
peut poser une de ces questions, mais pas les deux. Par exemple, lorsque vous demandez : « Où est-elle ? » et que vous
déterminez la position d'une onde-particule, elle devient une
particule. Si vous demandez : « Quelle est sa vitesse », vous
avez décidé que le facteur décisif est le mouvement, et pour
cette raison c'est d'une onde que vous parlez.

Mais cette chose dont nous parlons, cette « onde-parti-cule », est-elle une particule ou une onde ? Cela dépend à laquelle de ces deux questions nous décidons de répondre. À tout instant, cette onde-particule peut être *soit* une particule *soit* une onde, parce que nous ne pouvons pas connaître à la fois sa position et sa vitesse. En fait, il s'avère qu'à moins que nous mesurions sa position ou sa vitesse, elle est *simultanément une onde et une particule*. Ce concept est connu sous le nom de principe d'incertitude de Heisenberg, et c'est l'un des éléments fondamentaux de la physique moderne.

Imaginez qu'une onde-particule se trouve dans une boîte fermée. Son identité absolue n'est pas fixée avant qu'on l'observe ou qu'on la mesure d'une manière ou d'une autre. À l'instant qui précède son observation, son identité est potentiel pur. C'est à la fois une onde et une particule, et elle n'existe que dans le domaine virtuel. Après que l'observation ou la mesure ont eu lieu, le potentiel « s'évanouit » pour devenir une entité unique – soit une particule, soit une onde. Étant donné notre mode habituel d'évaluation du monde, basé sur nos sens, l'idée qu'une chose puisse exister dans plus d'un état en même temps est totalement contraire au bon sens. Mais c'est le miracle du monde quantique.

Une célèbre expérience de pensée du physicien Erwin Schrödinger met en évidence le genre de faits étranges que la physique quantique rend possibles. Imaginez que vous avez une boîte fermée contenant une particule-onde, un chat, un levier et un bol de nourriture pour chat recouvert d'un couvercle mal ajusté. Si l'onde-particule devient une particule, elle va heurter le levier, qui va faire tomber le couvercle, et le chat va manger. Si l'onde-particule devient une onde, le couvercle reste sur le bol. Si l'on ouvre la boîte (faisant ainsi une observation), on verra soit un bol de nourriture pour chat vide (et un chat satisfait), soit un bol plein (et un chat affamé). Tout dépend du type d'observation que l'on fait. Voici maintenant ce qui nous interloque : avant que l'on regarde dans la boîte et fasse une observation, le bol est *à la fois* vide et plein, et le chat *simultanément* rassasié et affamé. À cet instant, les deux possibilités existent en même temps. *C'est l'observation seule qui transforme la possibilité en réalité.* Aussi singulier que cela puisse paraître, des physiciens ont récemment achevé une expérimentation qui prouve ce phénomène en démontrant qu'un ion de béryllium non observé est capable de se trouver en deux endroits différents en même temps !

Plus déconcertante encore est la notion que l'idée même de deux positions différentes puisse être une fabrication perceptuelle. En d'autres termes, deux événements interreliés en deux positions différentes peuvent en fait être les mouvements d'un seul événement. Imaginez, dans un bassin, un unique poisson, dont les déplacements sont enregistrés par deux caméras. Les deux caméras sont disposées à angle droit l'une par rapport à l'autre et projettent leurs images respectives sur deux écrans vidéo, dans une autre pièce. Vous êtes assis dans cette pièce et vous regardez les deux écrans. Vous voyez deux poissons différents et vous êtes stupéfait lorsque l'un deux se tourne ou se déplace dans une certaine direction, son comportement étant immédiatement corrélé avec celui de l'autre poisson. Vous ignorez bien sûr ce qui se passe dans les coulisses. Si vous le saviez, vous verriez qu'il n'y a qu'un seul poisson ! Si nous placions de nombreuses caméras différentes dans de nombreux angles différents et si nous projetions ces images sur différents écrans de la même pièce, vous seriez ébahi de voir que tous ces différents poissons sont en corrélation communicationnelle instantanée les uns avec les autres.

Les grands visionnaires des traditions mystiques suggèrent que ce dont nous faisons l'expérience quotidiennement est une réalité projetée, dans laquelle les événements et les choses « semblent » seulement séparés par l'espace et le temps. Dans le domaine plus profond, nous sommes tous des membres du même corps et lorsqu'une partie du corps bouge, toutes les autres parties de ce corps sont instantanément affectées.

Les scientifiques proposent également un niveau d'existence qu'ils nomment l'hyperespace à huit dimensions de Minkowski. Dans cette dimension conçue mathématiquement, la distance entre deux événements – peu importe combien ils semblent séparés dans l'espace-temps – est toujours zéro. Cela suggère à nouveau une dimension d'existence dans laquelle nous sommes tous inséparablement un. La séparation peut n'être qu'une illusion. Éprouver de l'amour, sous quelque forme que ce soit, a pour effet de commencer à briser cette illusion.

Parce que l'observation est la clé menant à la définition de l'onde-particule en tant qu'entité unique, Niels Bohr et d'autres physiciens ont cru que seule la conscience était responsable de la réduction de l'onde-particule. On pourrait dire, alors, que sans la conscience, tout n'existerait qu'en tant que paquets d'énergie potentiels, indéfinis, ou comme pur potentiel.

C'est l'un des points clé de ce livre. Permettez-moi de le répéter, car il est de première importance. *Sans conscience agissant en tant qu'observateur et interprète, tout n'existerait que comme pur potentiel.* Ce pur potentiel est le domaine virtuel, le troisième niveau d'existence. Il est non localisé et ne peut être réduit ou diminué, il est sans fin et englobe tout. Nous connecter à ce potentiel est ce qui nous permet d'accomplir des miracles.

Le mot *miracles* n'est pas trop fort. Retournons à la physique pour décrire comment les scientifiques ont documenté certains des événements stupéfiants qui peuvent se produire à partir de ce niveau de potentiel.

Albert Einstein, intrigué et troublé par les possibilités que suggérait la physique quantique, avait conçu sa propre expérience de pensée : imaginez que vous avez créé deux ondes-particules identiques qui sont ensuite projetées dans deux directions différentes. Que se passe-t-il si nous nous interrogeons sur la position de l'onde-particule A et sur la vitesse de l'onde-particule B ? Souvenez-vous, les particules sont identiques, aussi toute mesure calculée pour l'une sera, par définition, vraie pour l'autre. Connaître la position de l'onde-particule A (la réduisant ainsi à l'état de particule) nous donne simultanément la position de l'onde-particule B, ce qui la réduit également à l'état de particule.

Les implications de cette expérience de pensée (qui a été confirmée mathématiquement et expérimentalement) sont énormes. Si le fait d'observer l'onde-particule A affecte l'onde-particule B, cela signifie qu'une connexion ou qu'une communication non localisée a lieu, dans laquelle l'information est échangée à une vitesse plus élevée que celle de la lumière, sans échange d'énergie. Ce qui est totalement contraire à la perspective que le sens commun nous donne du monde. Cette expérience de pensée est connue sous le nom de paradoxe d'Einstein-Podolsky-Rosen. Et de fait, des expérimentations en laboratoire ont montré que les lois de la physique quantique tiennent debout, et que la communication ou connexion non localisée est une réalité.

Je voudrais essayer d'illustrer l'ampleur de cette question à l'aide d'un exemple, certes un peu exagéré, mais qui tout au moins se situe dans le monde physique de sorte qu'il est plus facile de percevoir ses effets. Imaginez qu'une société envoie simultanément deux colis identiques, l'un chez moi en Californie, l'autre chez vous. Dans chacune de ces boîtes se trouve une onde-particule corrélée, non observée, qui est du potentiel pur. Vous et moi recevons et ouvrons notre colis exactement au même moment. Juste avant de découper la bande adhésive et d'écarter les rabats du carton, je crée une image mentale de ce que je souhaite trouver dans la boîte. Lorsque je l'ouvre, je découvre qu'elle contient exactement ce que j'avais imaginé — un violon. Mais ce n'est là que la moitié du miracle. Lorsque vous ouvrez votre boîte, il s'y trouve aussi un violon ! Quand j'ai imaginé ce que je voulais que la boîte contienne, les ondes-particules ont été réduites à une forme spécifique. Et ce que j'ai imaginé, quoi que ce fut, a également affecté les ondes-particules dans votre colis. Nous pourrions répéter cette expérience un grand nombre de fois, nous aurions toujours le même résultat. Tout ce que j'imagine pour moi-même se retrouve, à l'identique, exactement au même instant, pour vous. Je peux non seulement influencer la forme de l'une des séries d'ondes-particules, mais celles-ci sont d'une manière ou d'une autre capables de communiquer la forme qu'elles empruntent, sur la distance qui sépare mon domicile du vôtre, à une vitesse plus grande que celle de la lumière. Voilà ce que l'on veut dire par communication ou corrélation non localisée.

Des expériences intéressantes ont été réalisées par le chercheur Cleve Baxter, l'un de nos associés et amis au Centre Chopra. En 1972, il avait mis au point une méthodologie pour étudier des cellules humaines qui avaient été isolées du corps de leur propriétaire. Dans l'une de ses expériences, par exemple, il avait prélevé des spermatozoïdes humains et les avait étudiés dans une éprouvette en utilisant des électrodes et en mesurant leur activité électromagnétique à l'aide d'instruments du type des électroencéphalogrammes. Le donneur de sperme se trouvait dans une pièce à l'extrémité du couloir, à environ douze mètres du labo. Lorsqu'il ouvrait une capsule de nitrite d'amyle et en inhalait les vapeurs, il y avait une pointe dans l'activité électromagnétique des cellules du sperme dans le laboratoire, trois salles plus loin.

Un jour, Cleve Baxter était en train d'isoler des globules blancs pour les étudier lorsqu'un événement très intéressant se produisit. Il centrifugea sa salive — ce qui faisait partie du protocole — pour obtenir une concentration de globules blancs qu'il plaça dans une petite éprouvette à l'intérieur de

laquelle il plongea des électrodes en fil d'or reliées à un instrument de type ECG. Il eut subitement l'idée d'infliger une
légère entaille au dos de sa main, pour voir si cela aurait un
effet quelconque sur ses globules blancs. Il alla chercher une
lancette stérile sur une étagère proche. Lorsqu'il revint, il jeta
un coup d'œil au tracé de l'enregistrement de l'activité électromagnétique de ses globules blancs : une intense activité
des globules blancs avait été enregistrée pendant qu'il cher-
chait la lancette. En d'autres termes, ses cellules avaient réagi
à son *intention* de se couper la main avant même qu'il ne l'ait
effectivement fait.

À une autre occasion, Cleve Baxter apprenait à Steve, l'un
de ses collègues, à prélever des leucocytes buccaux. Tous
deux se mirent à discuter d'un article paru dans le magazine
Playboy, une interview de William Shockley, scientifique très
controversé à l'époque. Cleve Baxter se rappela qu'un exemplaire du magazine en question se trouvait sur le bureau de
son associé. Il sortit précipitamment, trouva la revue et la
ramena dans le labo. Pendant ce temps, Steve avait terminé
de prélever les cellules et les avait mises sous électrodes.
Cleve Baxter dirigea alors une caméra vidéo, montée sur un
trépied, au-dessus de l'épaule de Steve afin de permettre une
corrélation ultérieure avec ce que Steve allait regarder. Une
autre caméra vidéo filmait l'enregistrement du tracé en train
de se dérouler. Les deux images de ces caméras furent ensuite
combinées grâce à la technologie d'écran divisé. Cela assurait
un enregistrement précis du chronométrage et de la synchronisation des réactions possibles. Alors que Steve feuilletait le
numéro de *Playboy* pour trouver l'article, il tomba par hasard
sur une double page présentant Bo Derek dans son plus simple appareil. D'après Cleve Baxter, « à l'instant précis où
Steve dit à haute voix : 'Elle ne doit même pas faire un 38',
ses globules blancs dans l'éprouvette montrèrent une réaction
d'amplitude maximale, qui atteignit les limites supérieures et

inférieures du graphe. » Après deux minutes entières de réactivité intense, Cleve Baxter suggéra à Steve de fermer le magazine. Lorsqu'il le fit, ses cellules sous électrodes se calmèrent. Puis, une minute plus tard, lorsque Steve tendit la main pour reprendre le magazine, les cellules se mirent à nouveau à produire des pics sur le tracé. Et Cleve Baxter de commenter : « Après que Steve eut participé à cette observation d'une précision si remarquable, qui allait jusqu'à afficher la connaissance des sentiments et des pensées de son propre esprit, il abandonna tout scepticisme. »

Cleve Baxter a réalisé de nombreuses expériences de ce genre, qui révèlent que les cellules d'un organisme biologique, y compris celles des plantes et d'un certain nombre de bactéries, ont une capacité de bio-communication. Toutes les cellules vivantes ont une conscience cellulaire et sont capables de communiquer avec d'autres cellules de la même sorte ou d'une espèce différente, même si elles sont éloignées. Cette communication, de plus, est instantanée. Puisque la distance dans l'espace est aussi distance dans le temps, on peut dire par conséquent que des événements séparés les uns des autres dans le temps et qui ont lieu soit dans le passé, soit dans le futur, pourraient être instantanément corrélés.

En prolongement de cette recherche, la communication non localisée a également été mise en évidence chez les humains. Dans la célèbre expérience de Grinberg-Zylberbaum publiée en 1987, des scientifiques ont utilisé un appareil appelé électroencéphalogramme pour mesurer les ondes cérébrales de deux personnes qui méditaient ensemble. Ils ont trouvé, chez certains des « couples » de méditants qui se prêtaient à ces mesures, une forte corrélation des patterns de leurs ondes cérébrales, ce qui suggère un lien étroit ou une relation mentale très forte. Ces méditants pouvaient identifier les moments où ils se sentaient en « communication directe » l'un avec l'autre, et cela était confirmé par les machines qui enregistraient leurs ondes cérébrales. On demanda à ces « couples » très liés de méditer ensemble, côte à côte, pendant vingt minutes. Puis l'un des méditants fut emmené dans une autre pièce, fermée et isolée. Chacun d'eux se trouvant à présent dans un local différent, on demanda à ces méditants d'essayer d'établir l'un avec l'autre une communication directe. Celui que l'on avait déplacé fut soumis à une stimulation par des flashes de lumière vive, qui se traduisirent au niveau de ses ondes cérébrales par de petits pics que l'on appelle des potentiels évoqués. Comme les ondes cérébrales des deux méditants étaient toujours mesurées, les scientifiques purent constater que celui qui était exposé à la lumière montrait effectivement les petits pics de potentiels évoqués. Mais la partie fascinante de cette expérience est que *les ondes cérébrales du méditant qui n'était pas exposé à la lumière montraient elles aussi de petits pics*, correspondant aux potentiels évoqués du méditant exposé à la lumière. Ainsi, ces deux personnes étaient connectées à un niveau profond (par la méditation), et cette connexion permettait la manifestation de réactions physiques mesurables, même chez la personne non exposée à la stimulation lumineuse. Ce qui arrivait à l'une arrivait à l'autre, automatiquement et instantanément.

Ces résultats ne peuvent être expliqués par aucun autre moyen que la corrélation non localisée, qui a lieu dans le domaine virtuel, le niveau de l'esprit qui connecte, orchestre et synchronise tout. Ce champ illimité d'intelligence ou de conscience est partout, il se manifeste en toute chose. Nous l'avons vu opérer au niveau de la particule subatomique – le composant de toute chose – et nous l'avons vu connecter deux personnes à un niveau qui transcende la séparation. Mais il n'est pas nécessaire d'aller dans un laboratoire pour voir cette intelligence non localisée à l'œuvre. L'évidence de sa présence nous entoure ; nous pouvons la voir partout, dans les animaux, dans la Nature et même dans notre propre corps.

2

La synchronicité dans la Nature

Le reflet de l'Univers
dans la conscience de chaque être

L A NATURE nous offre de si fréquents exemples de synchronicité qu'ils nous semblent tout à fait ordinaires. Mais que l'on regarde avec des yeux conscients du caractère presque invraisemblable de ce qui a lieu et l'idée de synchronicité commence à prendre du sens. Regardez, par exemple, le ciel un jour d'été et attendez un vol d'oiseaux. Comme le banc de poissons évoqué plus tôt, tous les oiseaux semblent voler en formation ; lorsqu'ils changent de direction, ils exécutent les mêmes mouvements de manière synchronisée. Un seul vol peut comprendre des centaines d'individus, et cependant chacun se déplace en harmonie avec tous les autres sans qu'il y ait de chef apparent. Ils changent de direction instantanément, tous les oiseaux modifiant leur vol exactement en même temps, et ils le font à la perfection. Jamais on ne voit d'oiseaux se télescoper en vol. Ils s'élèvent, virevoltent et descendent en piqué comme s'ils étaient un unique organisme, comme si, dans l'instant, ils obéissaient à quelque ordre muet. Aucun échange d'information n'est possible – il n'y a pas assez de temps –, aussi la corrélation de l'activité entre les oiseaux doit-elle se produire de manière non localisée.

Pendant des années, les physiciens ont cherché à découvrir les propriétés qui guident les mouvements des oiseaux. À ce jour, ils n'ont pas réussi. La complexité et l'absolue précision du comportement des oiseaux déboute à chaque fois la science physique. Des ingénieurs ont étudié les mouvements des oiseaux afin de voir s'il y avait moyen de découvrir des principes que l'on puisse ensuite convertir en solutions aux problèmes d'embouteillages. S'il était possible, d'une façon ou d'une autre, de mettre en évidence le mécanisme sensoriel utilisé par les oiseaux et de le traduire en directives pour la conception des routes ou des automobiles, il n'y aurait peut-être plus jamais d'accidents de la circulation. Nous saurions à l'avance ce que chaque autre véhicule est sur le point de faire à chaque instant. Cependant, ce projet n'aboutira jamais, parce qu'il n'existe aucune analogie qui puisse être transposable au monde mécanique. La communication instantanée que nous observons habituellement dans les vols d'oiseaux et les bancs de poissons vient du niveau spirituel, l'intelligence organisationnelle non localisée du domaine virtuel. La synchronicité en est le résultat, des êtres qui sont totalement en harmonie avec leur environnement et avec chacun d'entre eux, dansant au rythme du Cosmos.

Bien que les oiseaux et les poissons offrent l'illustration la plus frappante de la synchronicité dans la Nature, ce phénomène a autant d'exemples qu'il y a de créatures sur terre. Toutes les créatures sociales témoignent de la communication non localisée, et des études poussées ont été menées avec des insectes et des animaux vivant en troupeaux, montrant que leurs réactions à la menace sont immédiates et plus rapides que ce que des méthodes de communication normales pourraient expliquer.

Le scientifique Rupert Sheldrake a effectué de fascinantes recherches sur ce qui semble être des cas de communication non localisée entre des chiens et leurs compagnons humains. Les humains et les chiens peuvent forger des liens très forts, et Sheldrake a étudié des cas dans lesquels les chiens semblent connaître le moment où leur maître rentrera à la maison. Entre dix minutes et deux heures avant l'arrivée de son propriétaire, le chien s'assied près de la porte d'entrée et attend, comme s'il anticipait son retour. Les sceptiques rétorquent que ce n'est qu'une question d'habitude, que le propriétaire du chien rentre chez lui chaque jour à une heure précise, ou que le chien peut entendre la voiture ou sentir l'odeur de son maître à des kilomètres. Mais ces chiens sont capables de prédire l'arrivée de leur propriétaire même lorsqu'il ou elle revient à une heure inattendue, ou avec une voiture différente, ou à pied, ou même si le vent souffle dans la direction opposée de sorte qu'il est impossible que son odeur parvienne à la maison.

Cela ne se produit pas avec tous les chiens ou tous les propriétaires de chiens, mais lorsque cela arrive, c'est un phénomène très puissant. Plus surprenant encore, Sheldrake a démontré que des chiens peuvent deviner les intentions. Disons que le propriétaire d'un chien passe deux semaines de vacances à Paris pendant que le chien est chez lui, à Londres. Si le propriétaire change subitement son programme et décide de rentrer une semaine plus tôt, le chien montre les mêmes signes d'anticipation une semaine plus tôt. Dès que le propriétaire pense : « C'est le moment de rentrer », le chien quitte l'endroit où il dormait et s'installe près de la porte d'entrée, remuant la queue, attendant l'arrivée de son maître.

Afin de s'assurer que ces observations n'étaient pas de simples projections de la part des propriétaires de chiens, les études ont exploré la manière dont les chiens réagissaient aux intentions de leur maître de rentrer chez eux. On installa des caméras vidéo dans les maisons, orientées sur les endroits où le chien avait des chances de se trouver – sa couche, la porte d'entrée, la cuisine. Le propriétaire sortait sans la moindre idée du lieu où il se rendait ni de l'heure de son retour – ces points étaient laissés à la décision des scientifiques. Ce n'est que lorsqu'il avait pris place dans sa voiture qu'il apprenait où il devait aller. Plus tard, à une heure choisie au hasard, l'un des chercheurs appelait le propriétaire du chien pour lui indiquer qu'il était temps de rentrer. L'heure était consignée et mise en parallèle avec les actions du chien sur les enregistrements vidéo. Dès que son maître se mettait en route, le chien allait presque toujours à la porte et attendait son retour, indépendamment de l'endroit où se trouvait le maître, de l'heure qu'il était, ou du temps nécessaire à son trajet jusqu'à la maison.

Il ne fait aucun doute que certaines personnes ont une très forte connexion avec leur chien ; elles sont en *corrélation* avec leur chien. Elles sont synchronisées. Et à travers ce lien, le propriétaire et le chien font l'expérience de la communication non localisée.

C'est dans le monde animal que les exemples de synchronicité sont les plus fréquents, parce que les animaux sont davantage en contact avec la nature essentielle des choses. Nous autres humains perdons notre sens de la connexion au milieu d'un tourbillon de soucis – payer le loyer, choisir quelle voiture acheter, ou un million d'autres distractions. Dès que nous développons un ego, une sensation d'un « je » qui est différent de toutes les autres personnes, ces liens sont obscurcis.

Mais certaines personnes vivent intensément la synchronicité, et elles n'ont pas besoin d'être des méditants. Nous avons tous entendu des histoires de vrais jumeaux qui peuvent facilement capter ce que leur jumeau pense ou ressent. Ce même genre de connexion peut être observé chez d'autres individus fortement liés. J'étais un jour en train de discuter avec un patient lorsqu'il ressentit une douleur transfixiante au niveau de l'abdomen à tel point qu'il se roulait par terre. Lorsque je lui demandai ce qui lui arrivait, il répondit : « C'est comme si j'avais reçu un coup de couteau à cet endroit. » Nous réalisâmes plus tard que précisément au même moment sa mère avait été agressée à Philadelphie et poignardée à l'abdomen. Il avait avec sa mère une connexion très forte ; elle était de loin la relation la plus importante dans sa vie. Tous deux étaient en telle résonance qu'à un certain niveau leur physiologie ne faisait qu'une. Nous pourrions dire qu'ils étaient *imbriqués*.

L'imbrication n'est qu'un autre terme pour *corrélation* ou *synchronisation* ; il est le plus souvent employé par les scientifiques pour décrire le fait d'être « piégé » par une autre substance ou force. Par exemple, des particules peuvent être imbriquées dans un courant de liquide et circuler en y étant immergées. Le mot lui-même nous aide à décrire comment les choses entrent en corrélation les unes avec les autres. Souvenez-vous, la synchronicité ne se produit que lorsque les gens, les animaux ou les objets sont en relation proche, ou sont « imbriqués ».

Pour donner un exemple d'imbrication, des chercheurs ont observé sur le terrain des tribus africaines dans lesquelles les mères ont avec leurs enfants une relation très proche, qui commence avant la naissance de ceux-ci. Au moment de la conception, la mère choisit un nom puis compose une chanson pour son bébé. Elle chante sa chanson au bébé, dans son ventre, durant toute sa grossesse. À la naissance de l'enfant, tous les voisins viennent et eux aussi chantent la chanson pour lui. Plus tard, lors de chaque événement important, ils chanteront cette chanson : à l'occasion des anniversaires, de l'initiation lorsque le bébé devient un enfant, durant les rites de la puberté, aux fiançailles et au mariage. La chanson devient l'ancrage du lien originel entre la mère et le bébé, et se prolonge même au-delà de la mort quand elle est chantée aux funérailles de la personne.

C'est une des manières dont l'enfant est imbriqué dans le monde de la mère et de la tribu. Cela crée une connexion si intime que si le bébé se trouve quelque part dans la brousse et qu'il éprouve quelque inconfort alors que sa mère est aux champs, celle-ci vivra le même inconfort dans son corps, simultanément, d'une manière toute semblable à ce qui était arrivé à mon patient.

Les méditants que j'ai décrits dans le chapitre précédent se connaissaient et s'appréciaient déjà avant l'expérience, mais ils furent encore plus imbriqués par la méditation. C'est une chose d'être lié socialement, d'être mari et femme, ou frère et sœur, mais pour que la communication non localisée se produise il doit aussi y avoir une connexion plus profonde. Ainsi formulé, établir ce type de connexion doit sembler terriblement difficile. Mais nous sommes constamment en contact avec l'intelligence non localisée. Le fait même que notre corps existe est totalement dépendant de la communication non localisée.

Comment une chose aussi réelle et substantielle que notre corps peut-elle dépendre de la communication virtuelle ? Considérez que le corps humain est constitué d'approximativement cent billions de cellules, c'est-à-dire d'environ mille cellules pour chaque étoile brillante de la Voie Lactée. Seules cinquante réplications sont nécessaires, à partir d'un ovule (une seule cellule) fécondé, pour produire ces cent mille milliards de cellules. La seconde réplication donne quatre cellules. La troisième en produit seize, et ainsi de suite. À la cinquantième réplication, vous avez cent mille milliards de cellules dans votre corps, et c'est là que s'arrête la réplication.

Ainsi, toutes les cellules de votre corps commencent avec une seule cellule. Cette cellule se réplique encore et encore, et en cours de route les cellules se différencient. Il existe quelque deux cent cinquante types de cellules dans le corps humain, depuis la simple et sphérique cellule graisseuse jusqu'à la cellule nerveuse, fine et ramifiée. Les scientifiques ne savent toujours pas comment cette cellule unique finit par se diviser en de si nombreuses sortes de cellules différentes, qui sont ensuite capables de s'organiser en un estomac, un cerveau, la peau, des dents, et en toutes les autres parties spécialisées du corps.

En plus de son travail spécifique au sein de votre corps, chaque cellule accomplit quelques millions de choses par seconde à la seule fin de continuer à fonctionner : créer des protéines, ajuster la perméabilité de sa membrane, transformer des nutriments – pour n'en citer que quelques unes. Chaque cellule doit aussi savoir ce font toutes les autres cellules, sans quoi votre corps s'effondrerait. Le corps humain ne peut fonctionner que s'il opère de manière synchronisée, et tout cela ne peut avoir lieu que grâce à une corrélation non localisée. Sinon, comment cent billions de cellules réalisant chacune un million de choses par seconde pourraient-elles coordonner leurs activités de manière à faire en sorte qu'un être humain vive et respire ? Comment un corps humain pourrait-il générer des pensées, évacuer des toxines et sourire à un bébé, ou même faire un bébé, tout cela en même temps ?

Pour remuer mes orteils, je dois tout d'abord concevoir la pensée de le faire. La pensée active mon cortex cérébral, qui envoie ensuite une impulsion nerveuse le long de ma moelle épinière jusqu'à mes jambes et fait bouger mes orteils. Cela, en soi, est miraculeux. D'où la pensée est-elle venue ? Avant la pensée, il n'y avait pas d'énergie, mais dès que j'ai eu la pensée et l'intention de remuer les orteils, cela a créé dans mon cerveau une tempête électromagnétique contrôlée, qui s'est transmise au nerf, ce qui l'a fait émettre une certaine substance chimique. Alors, mes orteils ont remué. C'est là un phénomène très linéaire, mécanique et local – excepté pour la toute première partie, la pensée par laquelle tout a commencé. Comment la pensée a-t-elle tout d'abord créé l'électricité ? Les scientifiques comprennent les mécanismes du corps – potentiel d'action, neurotransmetteurs, contractions musculaires, tout cela. Mais personne ne peut montrer, par une expérimentation, d'où est venue la pensée. On ne peut voir la pensée mais sans elle, nous serions paralysés. Pas de pensée, pas de mouvement d'orteil. On ne sait trop comment, votre conscience devient information et énergie. Où cela a-t-il donc lieu ?

La réponse, c'est que la pensée prend sa source dans le domaine virtuel.

Notre corps se comporte de manière synchronisée, tout le temps. Chaque fois que la plus petite perturbation se produit dans notre corps physique, l'organisme entier réagit. Supposez, par exemple, que vous n'avez rien mangé de toute la journée, de sorte que votre glycémie commence à chuter. Immédiatement, toute une synchronicité d'événements se met à l'œuvre pour rétablir votre glycémie. Le pancréas sécrète le glucagon, hormone qui transforme le sucre stocké dans le foie en glucose, lequel devient immédiatement disponible pour les besoins énergétiques. De plus, les cellules graisseuses libèrent des acides gras et du glucose dans le flux sanguin, et le système nerveux stimule les muscles squelettiques afin qu'ils relâchent leurs réserves de glucose. Toutes ces choses se passent instantanément. La production d'insuline baisse et votre rythme cardiaque s'accélère pour mobiliser de l'énergie. Près d'un million de phénomènes vont se produire dans le corps dans l'intention de ramener ce taux de sucre à la normale. Et il ne s'agit là que d'une fonction parmi toutes celles qui se déroulent simultanément dans le corps tout entier. Tout cela ne peut être possible que par la communication non localisée, l'information corrélée plus rapidement que la vitesse de la lumière, au-delà des limitations de la physique ordinaire.

Il a été suggéré que cette communication non localisée puisse être provoquée par la résonance de l'activité électrique de notre cœur. Notre cœur est doté de quelque chose comme un stimulateur cardiaque, qui maintient le rythme des battements cardiaques à approximativement soixante-douze par minute. Ce stimulateur dans votre cœur déclenche une impulsion électrique toutes les quelques secondes, et cette impulsion électrique déclenche les contractions mécaniques de votre cœur. Chaque fois que l'on a un courant électrique, un champ électromagnétique se crée autour de lui (les champs électromagnétiques sont essentiellement des photons qui se comportent d'une certaine manière). Ainsi, le cœur, à chaque battement, diffuse son énergie électromagnétique au reste du corps. Il envoie même son champ électromagnétique à l'extérieur du corps (si l'on amplifie ces signaux, d'autres personnes peuvent remarquer qu'elles les reçoivent !). L'énergie est envoyée partout dans votre corps. De cette façon, le cœur est le maître oscillateur du corps, avec son propre champ électromagnétique. Il génère un champ de résonance, de sorte que chaque cellule du corps commence à s'imbriquer à chaque autre cellule, ce qui fait que toutes les cellules sont, synchroniquement, à l'unisson.

Lorsque les cellules sont prises dans le même champ de résonance, elles dansent toutes sur la même musique. Des études ont montré que lorsque nous pensons de façon créative, lorsque nous nous sentons en paix ou éprouvons de l'amour, ces émotions génèrent un champ électromagnétique très cohérent. Et ce champ électromagnétique est diffusé au reste de notre corps. Il crée également un champ de résonance dans lequel toutes les cellules du corps se mettent en phase. Chaque cellule sait ce que font toutes les autres parce qu'elles font toutes la même chose, tout en continuant à exprimer efficacement leurs fonctions spécifiques. Les cellules gastriques produisent de l'acide chlorhydrique, les cellules immunitaires génèrent des anticorps, les cellules pancréatiques fabriquent de l'insuline, et ainsi de suite.

Dans un corps en bonne santé, cette synchronicité est parfaitement régulée. Les gens sains sont calés dans ces rythmes de manière stable. Quand la maladie survient, c'est que l'un de ces rythmes s'est mis à fonctionner de travers. Le stress est le plus grand perturbateur. Si vous êtes stressé, si vous ressentez de l'hostilité, l'équilibre de votre corps est perdu. Le stress brise notre connexion non localisée avec tout le reste. Lorsque vous vivez une maladie ou un malaise (« mal aise »), une partie de votre corps se contracte. Elle se désolidarise ou se déconnecte du champ d'intelligence non localisée.

De nombreuses émotions sont capables de générer une interruption du champ électromagnétique du cœur, mais celles qui ont été le plus précisément étudiées sont la colère et l'hostilité. Lorsque cette synchronisation est interrompue, le corps commence à se comporter de manière fragmentaire. Le système immunitaire est réprimé, ce qui cause d'autres problèmes tels qu'une plus grande prédisposition aux cancers, aux infections et au vieillissement précoce. Cet effet est si puissant que les animaux peuvent le percevoir. Si un chien voit quelqu'un qui porte en lui un sentiment d'hostilité, il aboiera et se comportera avec férocité. Où que l'on aille, on diffuse qui on est à ce niveau très intime.

Mais notre connexion avec l'intelligence non localisée ne s'arrête pas aux frontières de notre corps. Tout comme notre corps est en équilibre, l'Univers l'est aussi, et il manifeste cet équilibre par des rythmes ou des cycles.

En voyageant autour du Soleil, la Terre crée des rythmes saisonniers. L'hiver fait place au printemps, et les oiseaux commencent leurs migrations, les poissons cherchent leurs frayères, les fleurs s'épanouissent, les arbres bourgeonnent, les fruits mûrissent, les œufs éclosent. Ce seul changement dans la Nature – une légère inclinaison de la Terre – est à l'origine d'une cascade d'événements non localisés. La Nature toute entière se comporte comme un organisme unique. Même les gens se sentent différemment en fonction des saisons. Certaines personnes ont tendance à être déprimées en hiver, et à tomber amoureuses au printemps. Sur un plan biochimique, certains changements de notre corps correspondent au mouvement de notre planète. La Nature, dans son ensemble, est une symphonie, et nous en faisons partie.

En tournant sur son axe, la Terre nous donne quelque chose que l'on appelle un rythme circadien, ou quotidien. Les créatures nocturnes s'éveillent le soir et dorment durant la journée. Les oiseaux fouillent pour trouver leur nourriture à des moments spécifiques appelés « heures des oiseaux ». Notre corps est également synchronisé aux rythmes circadiens. Je passe la majeure partie de mon temps en Californie, et sans effort conscient mon corps s'harmonise au rythme de la Californie en suivant l'horaire de cette région. Mon corps anticipe le lever du soleil, me permettant ainsi de me réveiller tous les jours à la même heure ou presque, il ralentit le soir pour que je puisse me préparer au sommeil. Durant la nuit, mon corps reste très actif, il me fait passer à travers les différents stades du sommeil en modifiant mes ondes cérébrales. Les hormones qui contrôlent et régulent les nombreuses fonctions de l'organisme continuent à être produites et sécrétées, mais dans des quantités qui diffèrent des heures de veille. Chaque cellule continue à accomplir ses millions d'activités différentes, tandis que le corps, en tant qu'ensemble, dirige son cycle nocturne.

Sur Terre, nous sentons les effets du Soleil dans le rythme circadien et ceux de la Lune dans le cycle lunaire, les phases de sa croissance et de sa décroissance. Les cycles de la Lune se manifestent dans notre corps, en corrélation instantanée avec les mouvements planétaires. Le cycle menstruel féminin de vingt-huit jours est influencé par la Lune, et il existe d'autres rythmes mensuels, plus subtils, qui agissent sur l'humeur et la productivité de tout le monde. Les effets gravitationnels du Soleil et de la Lune sur la Terre sont la cause des marées, qui agissent également sur notre corps. Après tout, il y des millions d'années, nous aussi étions des habitants de l'océan. En nous glissant sur le rivage, nous avons apporté avec nous quelque chose de l'océan. Notre corps, à quatre-vingt pour cent, a la même composition chimique que l'océan qui jadis fut notre demeure, et il est toujours affecté par la force de ses marées.

Tous ces rythmes – circadien, lunaire et saisonnier – sont réglés les uns sur les autres. Dans les rythmes, il y a d'autres rythmes au sein desquels se déploient d'autres rythmes encore. Et ces battements résonnent tout autour de nous et en nous. Nous ne sommes pas extérieurs au processus ; nous en faisons partie, vibrant avec le pouls de l'Univers. L'intelligence non localisée est en nous et tout autour de nous. Elle est l'esprit, le potentiel duquel tout émerge. Elle est le fondement de notre être ; elle est sans dimension ; elle n'a ni volume, ni énergie, ni masse, et elle n'occupe aucun espace. Elle n'existe pas non plus dans le temps. Toutes les expériences sont des projections localisées dans cette réalité non localisée, qui est un potentiel singulier et unifié. Ici, tout est inséparablement un. À ce profond niveau de réalité, vous *êtes* cette intelligence non localisée, un être universel qui s'observe au moyen d'un système nerveux humain. Tout comme un prisme décompose un seul faisceau lumineux en couleurs du spectre, l'intelligence non localisée, en s'observant, diffracte une réalité unique en une multitude d'apparences.

Pensez à l'Univers comme à un seul gigantesque organisme. Son immensité est une réalité perceptuelle, projetée ; même si vous pouvez voir, « là-bas », un grand stade de football plein de milliers de personnes, le phénomène réel est une petite impulsion électrique à l'intérieur de votre cerveau, impulsion que vous, l'être non localisé, interprétez comme étant un match de football. Le Yoga Vasishta, un ancien texte védique, dit : « Le monde est comme une ville immense, reflétée dans un miroir. De même, l'Univers est un gigantesque reflet de vous-même dans votre propre conscience. »

C'est, en résumé, l'âme de toute chose.

3

La nature de l'âme

Universelle (non localisée)
et individuelle (localisée)

DANS l'immensité de l'océan, il n'y a pas d'ego. Observé à grande distance, depuis la Lune ou un satellite, l'océan semble calme et inanimé, large bande bleue ceinturant la Terre. Mais si nous nous rapprochons de l'océan lui-même, nous voyons qu'il est en perpétuel mouvement, agité de courants et de marées, de remous et de vagues. Nous percevons ces motifs sur l'océan comme des entités distinctes. À chaque vague qui se forme, nous pouvons l'observer qui enfle, forme une crête, se brise et se précipite vers le rivage. Et cependant, il est impossible de séparer la vague de l'océan. Vous ne pouvez prendre un seau, recueillir une vague et la ramener chez vous. Si vous photographiez une vague et revenez le lendemain, aucune autre n'en sera la copie exacte.

L'océan nous offre une formidable analogie quand nous commençons à comprendre ce qu'est l'âme. Imaginez l'océan comme la réalité non localisée, le champ des infinies possibilités, le niveau virtuel d'existence qui synchronise tout. Chacun de nous est comme une vague dans l'océan. C'est de lui que nous venons à l'existence, et il constitue le noyau même de qui nous sommes. Tout comme une vague prend une forme spécifique, nous adoptons, nous aussi, les motifs et les dessins de la réalité non localisée. Ce vaste, cet infini océan de possibilités est l'essence de toute chose dans le monde physique. L'océan représente le non localisé, et la vague, le localisé. Les deux sont intimement connectés.

Une fois établi le fait que l'âme tire son origine du domaine non localisé, ou virtuel, notre place dans l'Univers devient remarquablement claire : nous procédons à la fois du localisé et du non localisé, forme individuelle émergeant de l'intelligence non localisée, laquelle fait également partie de toute chose et de tout être. Nous pouvons donc nous représenter que l'âme a deux parties. L'âme non localisée, vaste et sans limite, existe au niveau virtuel ou niveau de l'esprit. Elle est puissante, pure, et tout lui est possible. La partie localisée, personnelle de l'âme existe au niveau quantique. C'est elle qui s'implante dans notre vie quotidienne et définit l'essence de qui nous sommes. Elle aussi est puissante, pure et omnipotente. Le même potentiel illimité de l'esprit infini réside pareillement dans chacun de nous. Notre âme personnelle, à laquelle nous pensons quand nous parlons de notre « soi », est un affleurement de l'âme éternelle.

Si nous pouvions apprendre à vivre au niveau de l'âme, nous verrions que la meilleure partie de nous-mêmes, la plus lumineuse, est reliée à tous les rythmes de l'Univers. Nous nous reconnaîtrions véritablement comme les faiseurs de miracles que nous sommes capables d'être. Nous perdrions la peur, le regret et l'envie, la haine, l'anxiété et l'hésitation. Vivre au niveau de l'âme signifie plonger au-delà de l'ego, au-delà des limitations du mental qui nous attellent aux événements et aux résultats dans le monde physique.

Dans l'immensité de l'océan, il n'y a pas de « moi » individuel qui réclame de l'attention. Il y a des vagues, des tourbillons et des marées, mais tout cela est, en fin de compte, l'océan. Nous sommes tous des figures de la non localisation qui font semblant d'être des gens. En fin de compte, tout est esprit.

Et cependant, nous nous *sentons* tous individuellement distincts et séparés, n'est-ce pas ? Nos sens nous rassurent sur le fait que ce corps est réel, et nous concevons nos propres pensées, toutes personnelles. Nous apprenons, tombons amoureux, avons des enfants, et travaillons à notre propre carrière. Comment se fait-il que nous ne sentions pas ce vaste océan qui bouillonne en nous ? Pourquoi avons-nous l'impression que notre vie est si limitée ? Tout cela nous ramène aux trois niveaux d'existence.

Au niveau physique, dans ce que nous appelons le monde réel, l'âme est l'observateur au milieu de l'observation. Chaque fois que l'on observe quelque chose, trois éléments sont impliqués. Le premier, qui se situe dans le monde physique, est l'objet de notre observation. Le second, qui a lieu au niveau de l'esprit, est le processus de l'observation. Le troisième élément de l'observation est l'observateur lui-même, que nous appelons l'âme.

Considérons un exemple simple des trois éléments de l'observation. Tout d'abord, un animal à fourrure, quadrupède, devient l'objet de votre observation. Deuxièmement, vos yeux reçoivent l'image visuelle de l'objet et transmettent le signal à votre conscience mentale, qui donne de l'objet l'interprétation suivante : c'est un chien. Mais *qui* observe le chien ? Si vous orientez votre attention vers l'intérieur, vous devenez conscient d'une présence en vous. Cette présence est votre âme, l'extension de l'immense intelligence non localisée qui affleure en vous. Ainsi, la conscience mentale est impliquée dans le processus de connaître, mais l'âme est ce qui connaît. Cette présence, cette conscience, ce connaissant, cette âme, est non sujette au changement. C'est le point de référence, immobile et immuable, au milieu du décor sans cesse changeant du monde physique.

Nous avons tous une âme, mais parce que nous observons tous à partir d'un lieu et d'un ensemble d'expériences différents, nous n'observons pas les mêmes choses tout à fait de la même manière. Les variations dans ce que nous observons sont basées sur les interprétations de notre conscience mentale. Si par exemple vous et moi devions observer un chien, nous aurions chacun des pensées différentes. Je pourrais le voir comme un animal féroce et m'en effrayer. Vous pourriez voir dans le même chien un compagnon bienveillant. Notre conscience mentale interprète l'observation différemment. Quand je vois un chien, je pars en courant. Quand vous voyez un chien, vous sifflez et jouez avec lui.

L'interprétation se produit au niveau de la conscience mentale, mais c'est notre âme individuelle qui est conditionnée par l'expérience, et à travers le souvenir de l'expérience passée l'âme influence nos choix et nos interprétations de la vie. Ces minuscules noyaux ou graines de mémoire construisent l'âme individuelle au cours d'une vie, et cette combinaison de mémoire et d'imagination basée sur l'expérience est appelée karma. Le karma s'accumule dans la partie personnelle de l'âme, l'onde au centre de notre être, et lui donne sa coloration. Cette âme personnelle gouverne la conscience et joue le rôle de gabarit pour le type de personne que chacun de nous se révélera être. De plus, les actions que nous accomplissons peuvent affecter cette âme personnelle et modifier notre karma, pour le meilleur ou pour le pire.

La partie universelle, non localisée de l'âme n'est pas touchée par nos actions. Elle est connectée à l'esprit qui est pur et immuable. En fait, la définition de l'*éveil* ou illumination est « la reconnaissance que je suis un être infini qui voit et qui est vu, qui observe et est observé d'un point de vue particulier et localisé ». Quoi que nous soyons d'autre, et indépendamment du gâchis que nous avons pu faire de notre vie, il nous est toujours possible de nous brancher sur la partie universelle de l'âme, le champ infini de pur potentiel, et de changer le cours de notre destinée. C'est cela, la synchrodestinée — le fait de profiter de cette connexion entre l'âme personnelle et l'âme universelle afin d'influencer notre vie.

C'est ainsi que les graines de mémoire formées par l'expérience, notre karma, contribuent à déterminer qui nous sommes. Mais l'individualité de notre âme personnelle est modelée par d'autres facteurs que notre seul karma ; nos relations jouent également un rôle important dans la construction de l'âme. Pour comprendre cela, examinons de plus près les différents aspects de notre existence. Lorsque nous réfléchissons à ce qu'est notre corps physique, nous découvrons que nous sommes véritablement une collection de molécules recyclées. Les cellules de notre corps sont générées, meurent et sont remplacées de nombreuses fois au cours de notre vie. Nous sommes constamment en train de nous refaire. Afin de se régénérer, notre corps convertit la nourriture que nous absorbons en constituants élémentaires de la vie. La terre elle-même fournit les nutriments dont nous avons besoin pour nous renouveler, et quand nous nous défaisons de certaines cellules, celles-ci retournent à la terre. Nous pouvons dire, alors, que nous transformons sans cesse notre corps physique en recyclant de la terre.

Considérons maintenant nos émotions. Les émotions ne sont que de l'énergie recyclée. Elles ne prennent pas leur source en nous. Elles vont et viennent en fonction des situations, des circonstances, des relations et des événements. Le onze septembre 2001, date du désastre du World Trade Center, la peur et la terreur étaient des émotions répandues, déclenchées par les événements de cette journée. Ces émotions puissantes se sont prolongées durant des mois. Les émotions ne naissent jamais isolément ; elles surviennent toujours du fait de certaines interactions avec l'environnement. En l'absence de circonstances ou de relations, il n'y a pas d'émotion. Ainsi, même si j'entre dans une violente colère, ce n'est pas véritablement *ma* colère. C'est la colère qui s'est installée en moi l'espace d'un moment.

Pensez à la dernière fois que vous vous êtes trouvé entouré de personnes qui vivaient toutes des émotions semblables – une foule en colère, des personnes en deuil à un enterrement, ou les supporters d'une équipe de football en train de gagner. Une telle émotion est si puissante lorsqu'elle est exprimée par tant de gens en même temps qu'il est presque impossible de ne pas se laisser prendre par elle. Dans ces situations, ce n'est pas « votre » colère, tristesse ou jubilation. Chaque émotion est dépendante du contexte, des circonstances et des relations qui définissent votre réalité à l'instant présent.

Et qu'en est-il des pensées ? Eh bien, nos pensées sont de l'information recyclée. Chacune de nos pensées appartient en fait à une base de données collective. Il y a une centaine d'années, il aurait été impossible de dire : « Je vais à Disney Land avec Delta Airlines ». L'idée même de ces choses n'existait nulle part dans le monde, je n'aurai donc pas pu la concevoir. Il n'y avait pas de Disney Land, pas de Delta Airlines, et encore moins de compagnies d'aviation commerciales. Presque toutes les pensées les plus originales sont simplement de l'information recyclée, et même les pensées les plus originales sont en fait des sauts quantiques de créativité qui se produisent à partir de ce même gisement d'information, collectif et recyclé.

Bien que l'expression « saut quantique » soit devenue habituelle dans les conversations de tous les jours, elle a en fait une signification très spécifique. Quand nous étudions l'atome à l'école, nous apprenons généralement qu'il y a un

noyau contenant des protons et des neutrons, et que des électrons gravitent autour du noyau sur des orbites ou des
coquilles fixes qui se trouvent à des distances variables du
noyau.

Atome de sodium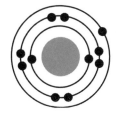

On nous dit que les électrons restent sur une orbite particulière, mais qu'ils peuvent parfois en changer et se retrouver
sur une orbite différente. S'il absorbe de l'énergie, un électron
peut sauter jusqu'à une orbite supérieure ; s'il libère de l'énergie, il peut descendre et se retrouver sur une orbite inférieure.
Ce que la plupart d'entre nous n'apprennent jamais, c'est que
lorsqu'un électron change d'orbite, il ne circule pas dans
l'espace pour arriver à sa nouvelle place ; au lieu de cela,
l'électron est sur l'orbite A à un instant donné, et à l'instant
d'après il se trouve sur l'orbite B, *sans avoir voyagé dans l'espace
entre ces deux instants*. C'est ce que l'on entend par « saut quantique ». Un saut quantique est un changement de statut, le
passage d'un ensemble de circonstances à un autre ensemble
de circonstances, qui a lieu immédiatement, sans passer par
des circonstances intermédiaires.

Les scientifiques ont appris qu'ils sont dans l'incapacité de
prédire quand et où un saut quantique va se produire. Ils peuvent créer des modèles mathématiques qui leur permettent
d'estimer les sauts quantiques, mais ceux-ci ne sont jamais
totalement prévisibles. À un niveau subatomique, cette petite

imprévisibilité paraît sans importance. Si un électron saute d'une orbite à l'autre, en quoi cela me concerne-t-il ? Eh bien, lorsque nous envisageons tous les atomes du monde et toute cette imprévisibilité, nous ne pouvons que regarder le monde d'une manière complètement nouvelle.

Les scientifiques reconnaissent le caractère imprévisible de la Nature, et ont essayé de le comprendre. Même les événements en apparence les plus simples sont gouvernés par cette imprévisibilité. Quand et où les bulles vont-elles apparaître dans une casserole d'eau portée à ébullition ? Quels motifs la fumée d'une cigarette allumée va-t-elle former ? Quelle relation y a-t-il entre la disposition des molécules d'eau en haut d'une cascade et leur disposition finale, en bas ? Comme James Gleick l'écrit dans son livre *Chaos*, en ce qui concerne la physique ordinaire, Dieu pourrait tout aussi bien avoir mis ces molécules d'eau sous la table pour les réorganiser personnellement.

La nouvelle science du chaos tente de prédire l'imprévisible au moyen de modèles mathématiques sophistiqués. Dans l'exemple classique, un papillon bat des ailes au Texas et six jours plus tard, il y a une tornade à Tokyo. La connexion peut ne pas sembler évidente, mais elle existe. Cette petite modification dans la pression atmosphérique causée par le papillon peut être multipliée et amplifiée, et aboutir à une tornade. Cela ne peut toutefois jamais être entièrement prévu. C'est pour cette raison que les prévisions météorologiques paraissent si souvent erronées, et sont de toute façon peu fiables au-delà de quarante-huit heures. Et malgré cela, de tous les phénomènes possibles dans le monde, le temps est celui qui reste le plus prévisible.

À un niveau spirituel, cela veut dire que l'on ne peut jamais connaître la direction que la vie va prendre, ni en quoi ces petits battements d'ailes de papillon vont modifier notre destinée. Et cela signifie aussi que nous ne pouvons jamais véritablement connaître l'intention de Dieu. Nous ne pouvons jamais complètement comprendre le comment, où et quand de quoi que ce soit, même lorsqu'il s'agit d'un phénomène aussi simple que de l'eau qui bout. Nous devons nous abandonner à l'incertitude tout en appréciant sa complexe beauté.

Toute créativité est basée sur les sauts quantiques et l'incertitude. À certains moments particuliers, des idées véritablement nouvelles émanent du gisement collectif d'information. Ces idées n'ont pas pris source dans un individu fortuné, mais dans la conscience collective. C'est pourquoi les découvertes scientifiques importantes sont souvent réalisées par deux personnes, ou plus, simultanément. Les idées circulent déjà dans l'inconscient collectif, et les esprits préparés sont prêts à traduire cette information. C'est la caractéristique du génie que d'être capable de saisir le connaissable alors que personne ne reconnaît encore sa présence. À tout instant donné, l'innovation ou l'idée créative n'existe pas, et à l'instant suivant, elle fait partie de notre monde conscient. Entre ces deux instants, où était-elle ? Elle est venue du domaine virtuel, au niveau de l'esprit universel, où tout est potentiel. Ce potentiel génère parfois des choses prévisibles, parfois des inédits, mais dans ce domaine toutes les possibilités existent déjà.

Ainsi donc, si notre corps est de la terre recyclée, nos émotions de l'énergie recyclée et nos pensées de l'information recyclée, qu'est-ce qui fait de nous des individus ? Qu'en est-il de notre personnalité ? Eh bien, la personnalité ne prend pas non plus sa source en nous. La personnalité se crée par l'identification sélective avec les situations et par les relations. Pensez à un ami proche. Comment définissez-vous cette personne ? Pour la plupart, nous décrivons les gens en parlant de leur vie – de leur conjoint, de leurs enfants, de leurs parents, des personnes avec lesquelles ils travaillent. Nous décrivons également les gens dans le contexte de la situation qu'ils occupent dans la vie – leur type de travail, le lieu où ils habitent, ce qu'ils font pour se distraire. Ce que nous appelons « personnalité » est construit sur un fondement de relations et de situations.

Alors, pouvons-nous demander, si mon corps, mes émotions, mes pensées et ma personnalité ne sont pas originaux ou créés par moi, qui suis-je vraiment ? Selon de nombreuses grandes traditions spirituelles, l'une des vérités essentielles est que « je suis l'autre ». Sans l'autre, nous n'existerions pas. Notre âme est le reflet de toutes les âmes. Imaginez-vous en train d'essayer de comprendre le tissu complexe des interactions personnelles qui ont fait celui ou celle que vous êtes aujourd'hui – tous les membres de votre famille, tous vos amis, tous les enseignants et camarades d'école que vous avez eus, chaque vendeur dans chaque magasin où vous vous êtes rendu, chaque personne avec laquelle vous avez travaillé ou avez été en contact au cours de toute votre vie. Ensuite, afin de comprendre toutes ces personnes et le genre d'influence qu'elles ont pu exercer sur vous, vous devriez trouver qui *elles* sont. Il vous faudrait ainsi décrire le tissu de relations qui entoure chacune des personnes formant votre propre réseau de relations. Au bout du compte, vous réaliseriez qu'afin de définir une seule personne, il est nécessaire de décrire la totalité de l'Univers. Vous êtes l'infini, considéré à partir d'un point de vue spécifique et localisé. Votre âme est la partie de vous qui est en même temps universelle et individuelle, et elle est un reflet de toutes les autres âmes.

Définir l'âme de cette manière revient donc à comprendre que votre âme est à la fois personnelle et individuelle, et cela a un sens et des implications qui dépassent votre expérience personnelle de la vie. L'âme est l'observateur qui interprète et fait des choix au milieu d'une foule de relations. Ces relations représentent le contexte, le cadre, les personnages et les événements qui donnent forme à l'histoire de notre vie. De même que l'âme est créée par les relations et est un reflet de toutes les relations, l'expérience de la vie est créée par le contexte et par le sens.

Par *contexte*, je veux dire tout ce qui nous entoure et qui nous permet de comprendre le sens des actes, des paroles, des faits individuels, ou n'importe quoi d'autre. Un mot, par exemple, peut avoir des significations différentes en fonction de ce qui l'entoure, ou de son contexte. Si je prononce le mot « bois » sans donner de contexte, vous ne saurez pas si je veux parler du bois d'un arbre ou si je vous ordonne de boire. Quand nous disons que quelqu'un a sorti nos paroles de leur contexte, nous savons que le sens de notre discours a été mal compris, parce que le contexte détermine le sens de toute chose. Le flux du sens est le flux de la vie. Notre contexte détermine la manière dont nous allons interpréter ce que nous rencontrons dans la vie, et ces interprétations deviennent notre expérience.

Nous arrivons finalement à une définition plus complète de ce qu'est l'âme. *Une âme est l'observateur qui interprète et fait des choix basés sur le karma, c'est également une confluence de relations, de laquelle émergent des contextes et du sens, et c'est ce flux de contexte et de sens qui crée l'expérience.* C'est donc à travers l'âme que nous créons notre vie.

Comme je l'expliquerai plus tard, la meilleure approche pour comprendre la nature duelle de l'âme et pour se connecter au champ de potentiel non localisé est la méditation. La méditation nous permet d'atteindre le niveau de l'âme en nous glissant au-delà de l'enchevêtrement des pensées et des émotions qui maintiennent généralement notre attention fixée sur le monde physique. Lorsque nous fermons les yeux pour méditer, les pensées jaillissent spontanément. On ne peut avoir que deux sortes de pensées : les souvenirs et les projections imaginaires. Mais, comme nous l'avons dit, ces pensées ne prennent pas naissance dans notre corps physique.

Essayez cette petite expérience de pensée : songez à votre dîner d'hier. Vous souvenez-vous de ce que vous avez mangé ? Quel était le goût de la nourriture ? De quoi parlait-on autour de vous ? Et maintenant, où cette information se trouvait-elle avant que je vous pose ces questions ? Ce dîner a bien eu lieu, mais l'information le concernant n'existait pas hormis sous forme d'information potentielle. Si un chirurgien avait pénétré à l'intérieur de votre cerveau, il n'aurait trouvé aucune trace d'information concernant le repas que vous avez mangé. La mémoire réside au niveau de l'âme jusqu'à ce que nous l'évoquions. Lorsque nous décidons consciemment de nous rappeler notre dîner, une activité électrique et une libération de substances chimiques signalent que le cerveau travaille. Mais avant que nous fassions remonter le souvenir, celui-ci n'a pas de localisation dans notre cerveau. Le simple fait de poser une question ou d'essayer de se remémorer un événement convertit un souvenir virtuel en véritable souvenir.

La même chose vaut pour l'imagination. Avant qu'une pensée émerge du domaine virtuel, elle n'existe pas dans votre vie mentale ou physique. Mais l'imagination peut avoir un effet puissant sur l'esprit et le corps. Une expérience de pensée ordinaire mais extrêmement efficace est de s'imaginer en train de découper un citron en gros morceaux, de placer l'un de ces morceaux entre vos dents et de mordre dans la pulpe du citron. Imaginez le jus qui gicle dans votre bouche tandis que vous serrez les dents. Si vous êtes comme la plupart des gens, cette rapide évocation suffira à provoquer chez vous une salivation abondante – une manière qu'a votre corps de signaler qu'il croit ce que votre esprit lui raconte. Mais encore une fois, où était ce citron avant que je vous demande d'y penser ? Il n'existait nulle part, hormis au niveau potentiel.

Ainsi, intention, imagination, pénétration, intuition, inspiration, signification, résolution, créativité, compréhension n'ont rien à voir avec le cerveau. Elles orchestrent leur activité *au moyen* du cerveau, mais sont des qualités du domaine non localisé qui est au-delà de l'espace et du temps. Leur influence se fait néanmoins fortement sentir. Une fois qu'elles ont pénétré dans notre esprit, il faut en faire quelque chose, et ce que nous en faisons détermine, en partie, la définition que nous donnons de nous-mêmes. Vous pouvez penser : « Mon mari m'aime », ou « mes enfants sont heureux », ou « j'ai du plaisir à mon travail ». Vous créez des histoires rationnelles autour de ces pensées, et de ces histoires vous tirez du sens. Puis vous allez dans le monde physique où vous vivez en accord avec ces histoires, et c'est ce que l'on appelle la vie quotidienne.

Nos histoires trouvent leurs origines dans les relations, les contextes et les significations déclenchés par l'intermédiaire de la mémoire, émergeant du karma et de l'expérience. Tandis que nous nous adonnons à ces histoires, nous commençons à réaliser qu'elles ne sont pas originales. Bien que leurs détails varient d'un individu à l'autre, les thèmes et les motifs de ces histoires sont éternels, archétypes fondamentaux qui se rejouent sans cesse : héros et bandits, péché et rédemption, divin et diabolique, désir interdit et amour inconditionnel. Ce sont les mêmes thèmes qui nourrissent la fascination qu'un si grand nombre d'entre nous éprouvent pour les feuilletons à l'eau de rose, les potins et les journaux populaires, où ils s'expriment sous une forme légèrement exagérée. Nous sommes fascinés parce que nous pouvons identifier une certaine facette de notre âme dans ces histoires. Ces mêmes archétypes sont représentés, de manière exacerbée, dans les mythologies, et que nous examinions la mythologie indienne, grecque ou égyptienne, nous y trouvons les mêmes thèmes et les mêmes motifs. Le drame de ces histoires est plus irrésistible et plus poignant qu'une fiction, parce qu'elles trouvent écho dans notre âme.

Nous pouvons donc affiner encore notre définition de l'âme. *L'âme est la confluence des sens, des contextes, des relations, et des histoires mythiques ou des thèmes archétypaux qui donnent naissance aux pensées quotidiennes, aux souvenirs et aux désirs (conditionnés par le karma), et qui créent les histoires auxquelles nous prenons part.*

Chez presque tout le monde, cette participation aux histoires de notre vie se produit automatiquement, sans que nous en soyons conscients. Nous vivons comme les acteurs d'une pièce auxquels on ne dévoilerait qu'une réplique à la fois, qui agiraient machinalement sans comprendre l'histoire dans sa totalité. Mais lorsque nous entrons en contact avec notre âme, nous voyons l'ensemble de la pièce. Nous comprenons. Nous continuons à participer à l'histoire, mais nous le faisons joyeusement, consciemment et pleinement. Nous pouvons faire des choix basés sur la connaissance, en toute liberté. Chaque instant prend davantage de profondeur, et cette qualité est le fruit de l'appréciation de sa signification dans le contexte de notre vie.

Ce qu'il y a de plus excitant encore, c'est que nous sommes nous-mêmes capables de récrire la pièce ou de modifier nos rôles en utilisant l'intention, en saisissant les opportunités que les coïncidences font surgir et en demeurant fidèles à l'appel de notre âme.

4

L'intention

À l'origine de toute l'activité de l'Univers

OUT ENFANT qui a entendu raconter l'histoire d'Aladin rêve de trouver une lampe magique qui, lorsqu'on la frotte, laisse sortir un génie capable d'exaucer chacun de ses souhaits. Adultes, nous comprenons que de telles lampes et de tels génies n'existent pas, et nous avons tôt fait de refouler tous ces souhaits. Mais… si les désirs pouvaient devenir réalité… Quels souhaits feriez-vous pour vous-même ? Qu'est-ce qui répondrait à vos besoins au niveau le plus profond, le plus essentiel ? Qu'est-ce qui permettrait à votre âme de réaliser sa destinée ?

Tout ce qui se passe dans l'Univers commence avec l'intention. Lorsque je décide de remuer les orteils ou d'acheter un cadeau d'anniversaire pour ma femme, ou de boire une tasse de café, ou d'écrire ce livre, cela commence par une intention. Cette intention émerge toujours dans l'esprit non localisé ou universel, mais elle se localise à travers l'esprit individuel. Et, s'étant localisée, elle devient réalité physique.

En fait, la réalité physique n'existerait pas sans l'intention. L'intention active la corrélation non localisée et synchronisée dans le cerveau. Chaque fois qu'il y a cognition ou perception de la réalité physique, des régions non contiguës du cerveau montrent une « résonance en phase et en fréquence » des types de décharges de leurs neurones individuels dans différentes parties du cerveau. C'est là une synchronisation non localisée autour d'une fréquence de quarante hertz (quarante cycles par seconde). Cette action conjuguée et synchrone est nécessaire à la cognition. Sans elle, on ne verrait pas une personne comme une personne, une maison comme une maison, un arbre comme un arbre ou un visage sur une photographie comme un visage. On n'observerait que des taches noires et blanches, des lignes éparpillées, des zones d'ombre et de lumière. En fait, les objets de notre perception ne s'inscrivent dans le cerveau que sous forme de signaux électromagnétiques de type marche-arrêt. La synchronisation organisée par l'intention convertit les points et les taches, les lignes disséminées, les décharges électriques, les motifs d'ombre et de lumière en un ensemble, une gestalt qui crée une image du monde en tant qu'expérience subjective. Le monde n'existe pas sous forme d'images ; il n'existe qu'en tant que morceaux d'impulsions digitales, points et taches, codes digitaux de décharges électriques en apparences arbitraires. La synchronisation, au moyen de l'intention, les organise en expérience dans le cerveau – un son, une texture, une forme, une saveur et une odeur. En tant qu'intelligence non localisée, vous « étiquetez » cette expérience et, soudain, il y a création d'un objet matériel dans une conscience subjective.

Le monde est comme une tache de Rorschach que nous convertissons en un univers d'objets matériels au moyen de la synchronisation orchestrée par l'intention. Le monde avant qu'il soit observé et le système nerveux avant qu'intervienne le désir ou l'intention d'observer quelque chose existent tous deux en tant que champ d'activité dynamique (en constant changement), non linéaire et chaotique dans un état de non équilibre (d'activité instable). L'intention organise de manière synchronisée ces activités extrêmement variables, apparemment chaotiques et sans lien survenant dans un univers non localisé, en un système hautement ordonné, auto-organisé et dynamique qui se manifeste simultanément en tant que monde observé et système nerveux par lequel ce monde est observé. L'intention elle-même n'apparaît pas dans le système nerveux, bien qu'elle soit orchestrée au moyen du système nerveux. Cependant, l'intention est responsable de bien plus que de la cognition et de la perception. Tout apprentissage, tout souvenir, tout raisonnement, toute conclusion, toute activité motrice sont précédés de l'intention. L'intention est le fondement même de la création.

Les textes védiques anciens connus sous le nom d'Upanishads déclarent : « Vous êtes votre plus profond désir. Tel votre désir, telle votre intention. Telle votre intention, telle votre volonté. Telle votre volonté, telle votre action. Telle votre action, telle votre destinée. » En dernière analyse, notre destinée est le fruit de notre désir à son niveau le plus profond, ainsi que de notre intention à son niveau le plus profond. Tous deux sont intimement liés.

Qu'est-ce que l'intention ? La plupart des gens disent que c'est une pensée de quelque chose que l'on désire accomplir dans la vie ou que l'on veut pour soi-même. Mais c'est vraiment bien davantage. Une intention est un moyen de satisfaire un besoin que l'on a, qu'il s'agisse de choses matérielles, de relation, d'accomplissement spirituel ou d'amour. L'intention est une pensée que vous avez et qui vous aidera à satisfaire un besoin. Et la logique veut que lorsque vous aurez comblé ce besoin, vous serez heureux.

Vu sous cet angle, le but de toute intention est d'être heureux ou comblé. Tout d'abord, si l'on nous demandait ce que nous voulons, nous pourrions dire : « Je veux plus d'argent », ou « je veux une nouvelle relation ». Puis, si l'on nous demandait pourquoi nous voulons cela, nous répondrions quelque chose comme : « Eh bien, je pourrais ainsi passer plus de temps avec mes enfants ». Et si l'on nous demandait pourquoi nous voulons passer plus de temps avec nos enfants, nous dirions : « Parce qu'alors je serais heureux. » Nous pouvons donc voir que le but ultime de tous les objectifs est une satisfaction, une plénitude au niveau spirituel que nous appelons bonheur, joie ou amour.

Toute l'activité de l'Univers est générée par l'intention. Selon la tradition du Vedanta, « l'intention est une force naturelle ». L'intention maintient l'équilibre de toutes les forces et de tous les éléments universels qui permettent à l'Univers de poursuivre son évolution.

Même la créativité est orchestrée à travers l'intention. La créativité a lieu au niveau individuel, mais elle a également lieu sur le plan universel, permettant au monde de faire périodiquement des sauts quantiques dans l'évolution. Finalement, à notre mort, l'âme fait un saut quantique de créativité. En fait, elle dit : « Je dois maintenant m'exprimer à travers un nouveau système corps-esprit, une nouvelle incarnation. » Ainsi, l'intention vient de l'âme universelle, se localise dans une âme individuelle et est finalement exprimée à travers une conscience individuelle, localisée.

À partir des expériences passées nous créons des souvenirs, qui sont la base de l'imagination et du désir. Et à nouveau, le désir est la base de l'action. Voilà comment le cycle se perpétue. Dans la tradition védique et dans le bouddhisme, ce cycle est appelé la roue du samsara, la base de l'existence terrestre. Le « je » non localisé devient le « je » localisé en étant filtré par ce processus karmique.

Lorsque l'intention se répète, cela crée une habitude. Plus une intention est répétée, plus il est probable que la conscience universelle génère le même schéma et manifeste l'intention dans le monde physique. Si vous vous souvenez de la question de physique dont nous avons discuté précédemment, une onde-particule dans une boîte non observée est simultanément une onde et une particule, et ne prend de forme définie que lorsqu'elle est observée. À l'instant de l'observation, la probabilité se réduit à une forme déterminée. L'idée ici est la même, si ce n'est qu'avec une intention répétée, le schéma dans l'esprit non localisé a plus de chance de se réduire à la direction de votre intention, et par conséquent de se manifester en tant que réalité physique. Cela crée l'illusion de ce qui est facile et de ce qui est difficile, de ce qui est possible et de ce qui ne l'est pas. C'est pourquoi, si vous voulez vraiment vous évader de l'ordinaire, vous devez apprendre à penser et à rêver l'impossible. Ce n'est qu'avec des pensées répétées que l'impossible peut être rendu possible, au moyen de l'intention de l'esprit non localisé.

L'esprit non localisé en vous est le même que l'esprit non localisé en moi ou, en fait, dans un rhinocéros, une girafe, un oiseau ou un ver de terre. Même un rocher contient l'intelligence non localisée. Cet esprit non localisé, cette pure conscience, est ce qui nous donne la sensation d'un « je », le « je » qui dit « je suis Deepak », le « je » qui dit « je suis un oiseau », le « je » qui dit qui vous êtes ou qui vous croyez être. Cette conscience universelle est le seul « je » qui soit. Mais ce « je » unique, universel, se différencie ; il prend la forme d'un nombre quasiment infini d'observateurs et d'observés, de sujets qui voient et de choses vues, de formes organiques et inorganiques – tous les êtres et les objets qui constituent le monde physique. Cette habitude qu'a la conscience universelle de se différencier en consciences particulières est antérieure à l'interprétation. Ainsi, avant que le « je suis » dise « je suis Deepak », ou une girafe, ou un ver, il est simplement « je suis ». Le potentiel créatif infini du « je » organise le « je » collectif en un « je » qui est vous, ou moi, ou n'importe quelle autre chose dans l'Univers.

Ce concept est le même que celui des deux niveaux de l'âme, l'âme universelle et l'âme individuelle, mais transposé à un contexte personnel. En tant qu'êtres humains, nous avons l'habitude de penser à nous-mêmes comme à un « je », sans remarquer ni apprécier le « je » plus grand, le « je » universel, qui est aussi appelé l'âme universelle. L'usage du mot « je » est surtout un point de référence habile que nous utilisons pour localiser notre point de vue unique au sein de l'âme universelle. Mais lorsque nous ne nous définissons que comme un « je » individuel, nous perdons la capacité d'imaginer ce qui existe au-delà des frontières de ce que l'on croit traditionnellement possible. Dans le « je » universel, tout est non seulement possible, mais tout existe déjà et n'a besoin que de l'intention pour tomber dans ou être réduit à une réalité dans le monde physique.

Les différences entre le « je » individuel ou esprit localisé et le « je » universel ou esprit non localisé sont clairement mises en évidence dans le tableau qui suit.

La différence entre l'esprit localisé et l'esprit non localisé est la même qu'entre ce qui est ordinaire et extraordinaire. L'esprit localisé est individuel et personnel à chacun de nous. C'est lui qui maintient notre ego, le « je » auto-défini qui erre à travers le monde, esclave de nos habitudes et de nos conditionnements. Par sa nature même, l'esprit localisé nous sépare du reste de la création. Il érige des frontières épaisses, artificielles, que nombre d'entre nous se sentent obligés de défendre, quitte même à se couper du sens plus profond et des connexions joyeuses qui viennent de ce que nous nous sentons appartenir à l'Universel. L'esprit localisé est pesant, épuisant et rationnel, sans aucun sens de la fantaisie ou de la créativité. Il exige une attention et une approbation constantes, et est par conséquent enclin à la peur, à la déception et à la douleur.

L'esprit non localisé, d'un autre côté, est pure âme ou pur esprit, et on l'appelle conscience universelle. Opérant hors des frontières de l'espace et du temps ordinaires, il est la grande force organisatrice et unificatrice de l'Univers, infinie dans sa portée et sa durée. Par sa nature, l'esprit non localisé relie toutes les choses parce qu'il *est* toute chose. Il n'exige aucune attention, aucune énergie, aucune approbation ; il est complet en soi et attire ainsi l'amour et l'acceptation. Eminemment créatif, il est la source de laquelle découle toute création. Il nous permet d'imaginer au-delà de ce que l'esprit localisé considère « possible », de penser « à l'extérieur de la boîte » et de croire aux miracles.

Les bonds créatifs de l'esprit non localisé ont été confortés par la science. Les « blancs » qui existent dans l'évolution des fossiles suggèrent des sauts créatifs d'imagination de la part de la Nature elle-même, hypothèse connue sous le nom d'équilibre ponctué. Il y a par exemple d'anciens fossiles d'amphibiens et d'anciens fossiles d'oiseaux, mais aucun fossile connu d'une créature qui fasse le lien entre amphibiens et oiseaux. Cela suggère un saut quantique d'imagination, dans lequel les amphibiens auraient voulu apprendre à voler et les oiseaux se seraient manifestés en tant que résultat de cette intention. Les scientifiques croient que les primates ont évolué pour devenir des humains, mais il n'y a pas de trace fossile de la phase intermédiaire, du « chaînon manquant ». Pour commencer, il n'y eut que des primates, puis soudain les hommes apparurent. Entre eux ? Rien.

Ces sauts d'imagination évoluent constamment en ce que nous voyons comme l'Univers. Au cours de notre vie, nous avons vu le développement de la télévision, l'Internet, le courrier électronique, la technologie nucléaire et l'exploration de l'espace. Où que nous allions, c'est l'imagination qui nous y mène. Et bien que l'imagination soit une propriété de la conscience universelle, elle devient conditionnée par toutes ces expressions localisées. Les êtres humains ont la capacité d'aller au-delà de cela. Les êtres humains ont la capacité, avec l'esprit localisé, le « je » localisé, de faire des choix au moyen de l'intention. Et l'esprit non localisé, le « je » non localisé, prend en charge les détails de manière synchronique afin de satisfaire l'intention. C'est ainsi que les rêves deviennent réalité.

Esprit localisé

1. *ego*

2. *esprit individuel*

3. *conscience individuelle*

4. *conscience conditionnée*

5. *linéaire*

6. *opère au sein de l'espace, du temps et de la causalité*

7. *lié au temps et limité*

8. *rationnel*

9. *conditionné à penser et à se comporter selon des modes habituels, modelés par l'expérience individuelle et collective*

10. *sépare*

11. *dialogue interne : ceci est moi et à moi*

12. *la peur domine*

Esprit non localisé

1. esprit

2. âme

3. conscience universelle

4. pure conscience

5. synchronique

6. opère hors de l'espace, du temps et de la causalité

7. éternel et infini

8. intuitif/créatif

9. inconditionné, corrélé à l'infini, infiniment créatif

10. unifie

11. dialogue interne : tout cela est moi et mien

12. l'amour domine

L'esprit localisé

13.   *nécessite de l'énergie*

14.   *a besoin d'approbation*

15.   *interprète le « je » dans l'observateur comme étant différent du « je » dans ce qui est observé*

16.   *pense en termes de cause et effet*

17.   *algorithmique*

18.   *continu*

19.   *conscient*

20.   *actif lorsque les sens sont actifs parce que l'expérience sensorielle est localisée*

21.   *s'exprime au moyen du système nerveux volontaire (choix individuel)*

L'esprit non localisé

13. *opère sans énergie*

14. *insensible à la critique et à la flatterie*

15. *sait que le « je » dans l'observateur et dans l'observé est le même*

16. *voit une interconnexion acausale ou une corrélation interdépendante*

17. *non algorithmique*

18. *discontinu*

19. *supra conscient*

20. *toujours actif, mais plus disponible pour lui-même lorsque les sens sont inactifs ou en retrait, comme dans le sommeil, les rêves, la méditation, la somnolence, la transe, la prière*

21. *s'exprime à travers les systèmes nerveux autonome et endocrinien et, plus important encore, à travers la synchronisation de ces systèmes (et également par la synchronisation du particulier et de l'Universel, du microcosme et du macrocosme)*

Un exemple pour expliquer cela : le « je » localisé, qui est Deepak, veut se sentir bien en faisant de l'exercice et en perdant du poids. Deepak, le « je » localisé, va donc courir tous les jours, soit sur son tapis de jogging, soit sur la plage. Le « je » non localisé en Deepak rend cela possible en faisant en sorte que le corps de Deepak puisse accomplir de nombreuses fonctions simultanément : le cœur doit battre plus vite et pomper plus de sang, les tissus doivent consommer plus d'oxygène, les poumons respirer plus vite et plus profondément et le sucre, qui est le carburant du système, doit être rapidement consumé en gaz carbonique et en eau pour que l'énergie puisse être produite. Si les réserves de combustible baissent, de l'insuline doit être sécrétée pour que le glycogène stocké dans le foie puisse être utilisé comme combustible. Les cellules immunitaires doivent être stimulées pour que le corps-esprit devienne résistant aux infections tandis que je traverse mon environnement en courant. Cela n'est qu'une liste particulièrement abrégée des choses qui doivent se produire simultanément et en synchronicité afin que mon intention de courir soit satisfaite. En fait, des milliards de milliards d'activités doivent avoir lieu de manière non localisée, simultanément, pour que Deepak puisse prendre du plaisir à courir.

Comme nous pouvons le constater, le fonctionnement du corps est organisé par l'esprit non localisé. Et tandis que toutes ces activités sont synchronisées, Deepak profite de sa course. Il ne se soucie pas de savoir si son cœur va pomper la bonne quantité de sang, ou si son foie va oublier de métaboliser le glycogène en sucre. C'est le travail de l'intelligence non localisée. Le « je » localisé émet le projet et le « je » non localisé organise tous les détails de manière synchronique.

Mais le « je » localisé ne collabore pas toujours et prend parfois de mauvaises décisions. Imaginez un homme appelé Jean Dupont. Il est à une fête et le Jean Dupont localisé se dit : « Je m'amuse bien à cette fête ! » Il sirote un peu de champagne, perd sa timidité et se fait de nouveaux amis. Le Jean Dupont non localisé s'amuse également à cette fête, il établit des liens et jouit de l'instant. Mais que se passe-t-il si le « je » localisé dit : « C'est vraiment bien. Je devrais peut-être boire plus et me saouler. » Être ivre est une façon de se déconnecter, et c'est pourquoi le « je » non localisé fait savoir au « je » localisé que cette décision a un prix. Le lendemain matin, le « je » non localisé afflige le « je » localisé d'un mal de tête et d'une gueule de bois. C'est une manière de communiquer avec le « je » localisé et de lui dire qu'en effet, s'il se maltraite, il sera malade.

Si le « je » localisé ignore les efforts dissuasifs du « je » non localisé, il devra faire face à des répercussions plus graves. Si, par exemple, le « je » localisé ignore ce message et se saoule tous les jours, il se peut que le Jean Dupont localisé perde son travail, son revenu, perturbe ses relations familiales, attrape éventuellement une cirrhose du foie et finisse par mourir. Pourquoi ? Parce que la décision de boire ne servait pas les intérêts du Jean Dupont localisé en même temps que ceux du Jean Dupont non localisé. Ce n'était pas une intention pure, parce que le « je » localisé l'avait pervertie. En passant de l'esprit non localisé à l'esprit localisé, elle avait changé de forme. Une intention ne peut être satisfaite en synchronicité que si elle sert à la fois les besoins du « je » localisé et ceux du « je » non localisé. L'intention non localisée est toujours évolutive et par là même orientée vers des interactions harmonieuses qui servent des intérêts plus larges.

L'intention prend toujours sa source dans le domaine universel. En dernière analyse, c'est l'intention universelle qui satisfait l'intention localisée, tant que celle-ci sert les besoins de l'esprit localisé (moi) aussi bien que ceux de l'esprit non localisé (la conscience universelle). Ce n'est qu'alors que l'esprit localisé et l'esprit non localisé peuvent coopérer. Mais un facteur de confusion entre en jeu. Il y a des milliards d'êtres humains et des centaines de milliards d'autres entités sur terre, tous porteurs d'intentions localisées. Imaginons que je veux organiser une fête et que j'ai l'intention de préparer des quantités de pâtisseries et de gâteaux. J'ai donc acheté du sucre, de la farine ainsi que tous les autres ingrédients nécessaires. Toutes ces denrées sont conservées dans mon garde-manger, où elles attirent des fourmis et des souris, dont l'intention est, également, de consommer le sucre et la farine. Lorsque je découvre l'activité des souris, j'achète des pièges et de l'insecticide. Certaines des souris meurent. Des bactéries arrivent et commencent à décomposer leurs cadavres.

Si nous prenons du recul et regardons ce scénario selon une perspective plus large, nous constatons une conspiration d'événements liés entre eux. Tous ont coémergé et se sont créés mutuellement. Afin que ce drame se produise, il faut faire pousser du blé et de la canne à sucre. Cela implique des fermes, des fermiers, de la pluie, du soleil, des tracteurs, des consommateurs, des détaillants, des grossistes, des routiers, des chemins de fer, des marchés financiers, des épiceries et leurs employés, des investisseurs, des insecticides, des fabriques de produits chimiques, la connaissance de la chimie, etc. Le nombre d'esprits localisés impliqués est gigantesque.

On peut alors vraiment se poser la question : « Qui influence quoi ? À qui appartient l'intention qui crée les événements ? » Mon intention était de préparer des gâteaux. Mon intention influence-t-elle le comportement de la planète entière, depuis les fermiers jusqu'aux prix du blé, en passant par les analystes financiers – sans parler du comportement des fourmis et des souris dans mon garde-manger, et des activités des autres éléments et forces dans l'Univers ? Mon intention de servir des pâtisseries et des gâteaux était-elle la seule à laquelle l'Univers tout entier devait collaborer ? Une souris, à supposer qu'elle soit capable de considérer sa propre intention, pourrait croire que celle-ci est responsable de la création de cette série d'événements, depuis l'activité des négociants en blé en passant par les conditions atmosphériques, jusqu'à ma décision de faire des gâteaux. En fait, les bactéries pourraient tout aussi bien croire que leur intention avait orchestré l'activité de l'Univers entier, y compris ma décision d'acheter le poison générateur de la protéine qui devait les nourrir. Lorsqu'on commence à se demander de qui vient l'intention ayant organisé n'importe quel événement donné, cela peut devenir tout à fait déroutant.

Quelle est donc l'intention qui *crée* toute cette activité ? Au niveau de la réalité plus profonde, le « je » qui orchestre tous ces événements est le « je » non localisé, le « je » universel. Cette force organisatrice coordonne et synchronise un nombre infini d'événements simultanément. L'esprit non localisé retourne constamment en lui-même, se renouvelle lui-même ainsi que sa créativité, de sorte que rien ne se dessèche ni ne vieillit et que tout renaît à chaque instant. Même si l'intention provient du seul « je » non localisé, de mon point de vue et de celui du chat, de la souris, des fourmis, des bactéries et des gens qui viennent à la fête, elle semble être celle d'un « je » personnel.

À chaque position, chaque organisme pourrait penser : « C'est mon intention ! » Chacun d'eux croit que c'est son « je » personnel et localisé qui est en train de faire quelque chose, alors qu'en fait, sur un plan plus large, tous ces différents esprits localisés co-émergent et se créent mutuellement à travers l'intention de l'esprit non localisé. Les arbres doivent respirer afin que je puisse respirer. Les rivières doivent couler pour que mon sang puisse circuler. À la fin, il n'y a qu'un seul et unique « je », exubérant, abondant, atemporel, rythmique et inséparable. Toute séparation est illusion. Le « je » localisé ne se réalise lui-même en tant que « je » non localisé que lorsque les deux se connectent. On commence alors à sentir qu'il n'y a qu'un seul « je » universel. Et lorsqu'on se connecte, on commence à expérimenter la confiance, l'amour, le pardon, la gratitude, la compassion, l'abandon, le non-faire. C'est ainsi que fonctionne la prière. Le grand poète Alfred, Lord Tennyson, a dit un jour : « La prière engendre plus de choses que ce monde peut en rêver. » Mais ce n'est pas la prière au moyen d'une intention artificielle ou forcée ; c'est la finesse, le sens de l'instant, l'abandon, la gratitude, la confiance, l'amour et la compassion qui permettent au « je » localisé d'expérimenter et de devenir le « je » non localisé.

Nous sommes si attachés à notre « je » localisé, individuel et personnel que nous sommes aveugles à la splendeur de ce qui demeure derrière lui. L'ignorance est de la conscience contractée. Afin de remarquer une chose, il faut en ignorer une autre. C'est ainsi que le non localisé devient localisé. Lorsque je prête attention à quelque chose, j'ignore tous les autres éléments qui l'entourent et qui, néanmoins, contribuent à son existence et par conséquent en font partie. Lorsque le « je » qui est mon ego observe, il n'observe que le particulier et ignore l'Universel. Mais lorsque c'est le « je » esprit qui regarde, il voit le flux de l'Univers qui rend possible le particulier.

C'est cette interconnexion, cette inséparabilité qui fait que la vie est non seulement possible, mais miraculeuse. Le monde, océan intriqué de relations réciproques, se différencie en vagues individuelles qui se séparent en gouttes écumantes étincelant comme des diamants, se reflétant mutuellement l'espace d'un instant avant de plonger à nouveau dans les profondeurs de l'océan. Il n'y a qu'un moment éternel – un amour, un esprit ou une conscience éternels – qui, constamment, devient à la fois le spectateur et le paysage contemplé. Nous sommes ces gouttes cristallines, chacun de nous est magnifique et unique l'espace d'un instant, chacun est une partie de l'autre, le reflète. Nous sommes tous issus de l'amour, de l'esprit ou de la conscience éternels, nous sommes une imagination du « je » universel. Alors que l'interprétation, la mémoire et l'habitude créent l'illusion de la familiarité ou de l'uniformité, l'illusion de notre continuité minute après minute, d'infinies possibilités existent au plus profond de nous, qui n'ont besoin que de l'intention pour devenir réalité.

L'intention orchestre un nombre infini de possibilités. Peut-être vous interrogez-vous sur le type idéal d'intention. Que demanderiez-vous si votre intention pouvait se réaliser à l'instant même ? Si votre intention n'est qu'un souhait personnel et ne vise qu'une gratification personnelle, il se peut que le « je » localisé et le « je » non localisé soient déphasés. Combien de fois avez-vous entendu des gens dire qu'ils voudraient tant gagner au loto ? Une telle chose peut arriver, mais seulement si la réalisation de ce souhait sert aussi bien vous-même qu'un plus vaste dessein. Vous pouvez vous dire : « Je veux gagner au loto pour pouvoir m'acheter une nouvelle BMW. » Cette intention même sert de nombreuses personnes : vous, le fabricant de voitures, ses employés, les investisseurs et l'économie. Cependant, elle n'est pas aussi puissante que l'intention d'une personne comme Mère Teresa, parce que son désir de récolter de l'argent était le résultat d'un désir d'apporter aux autres un sentiment de contentement, de donner et de recevoir à un niveau plus profond — de servir la grande chaîne de la vie. Lorsque l'intention de l'esprit non localisé est relayée par l'esprit localisé, elle est plus complète, et donc plus efficace.

Pour chaque intention, nous pourrions nous demander : « En quoi cela serait-il utile, à moi-même et à chaque personne avec laquelle j'entrerais en contact ? » Si la réponse est que la réalisation d'une telle intention générerait une joie et un sentiment de satisfaction véritables en moi et en toute personne affectée par mes actes, alors mon intention, accompagnée d'un abandon à l'esprit non localisé, organisera sa propre réalisation. Il existe des techniques pour découvrir l'intention pure et adéquate qui est notre destinée, et nous en discuterons en détail plus tard. Mais la technique essentielle consiste à commencer à partir d'un lieu de conscience paisible et posé, à générer dans votre cœur une intention appropriée, puis à laisser votre « je » localisé se fondre à nouveau dans le « je » non localisé, laissant la volonté de Dieu se réaliser à travers vous. J'ai enseigné cette technique à plusieurs milliers de personnes, qui me disent que cela fonctionne pour elles comme cela fonctionne pour moi.

La difficulté est, en partie, de formuler une intention qui n'interfère pas avec celle du domaine universel. Dans des pays en voie de développement souffrant d'une pénurie de nourriture, les scientifiques ont récemment tenté d'introduire le « riz doré », une variété génétiquement modifiée qui contient des insecticides naturels, pour que le riz y pousse en abondance. Mais des problèmes se sont posés. Le riz génétiquement modifié n'a pas les odeurs naturelles qui attirent les différents insectes nécessaires à maintenir et à propager la chaîne alimentaire. Les écologistes redoutent que ce riz bouleverse l'écosystème local et finisse par perturber le temps, ce qui pourrait avoir de sinistres conséquences pour la planète entière. La conscience contractée ou localisée, qui se borne à ne considérer qu'une situation particulière, essaie de résoudre cela localement. La conscience élargie, le « je » non localisé, regarde les relations, les oiseaux, les abeilles, les écureuils, les marmottes et le temps (il doit y avoir une certaine population d'arbres, une flore et une faune déterminées pour qu'un certain type de conditions météorologiques soit possible). Une bonne intention peut échouer si l'intention du « je » non localisé est ignorée. Les liens complexes de l'interrelation exigent non seulement du désintéressement, mais aussi la coordination avec tous les autres « je » individuels qui dérivent du « je » universel.

L'intention ne peut être forcée, imposée ou contrainte. Pensez-y comme au fait d'attraper des bulles de savon dans l'air. C'est une tâche délicate qui ne peut être accomplie dans la précipitation ou la bousculade. Il en va de même pour la méditation ou le sommeil. On ne peut *essayer* de méditer ou de dormir. Ces activités nécessitent un lâcher prise, et plus on essaie, moins on y arrive. La méditation se produit, le sommeil vient. Avec l'intention, c'est la même chose. Moins on interfère, plus on remarque qu'elle possède son propre « pouvoir infini d'organisation ». L'intention a en elle les mécanismes de sa propre réalisation, tout comme une graine a en elle tout ce dont elle a besoin pour devenir arbre, fleur et fruit. Je n'ai rien besoin de faire à cette graine. Je dois seulement la mettre dans la terre et l'arroser. Ensuite, la graine créera tout par elle-même, sans aucune incitation de ma part.

L'intention est une graine dans la conscience ou dans l'esprit. Si vous y prêtez attention, elle possède en elle-même les moyens de sa propre réalisation. L'infini pouvoir d'organisation de l'intention orchestre d'innombrables détails simultanément.

L'intention crée les coïncidences ; c'est la raison pour laquelle, lorsque vous pensez à quelque chose, cela arrive. L'intention est la raison pour laquelle certaines personnes ont une rémission spontanée ou se guérissent. L'intention orchestre toute la créativité à l'œuvre dans l'Univers. Et nous autres, êtres humains, sommes capables de générer des changements positifs dans notre vie au moyen de l'intention. Pourquoi perdons-nous cette disposition ? L'aptitude est perdue lorsque l'image de soi éclipse le soi, lorsque nous sacrifions notre soi véritable en faveur de l'ego.

La réalisation que « je » suis séparé de « vous » commence à se produire vers deux ou trois ans. À cet âge, un petit enfant commence à faire la différence entre « moi » et « mien », et « non moi » et « non mien ». Cette séparation génère de l'anxiété. En réalité, le monde n'est pas séparé de nous ; il fait partie du continuum de la conscience. L'intention opère en exploitant les forces créatives propres à l'Univers. Tout comme nous avons une créativité personnelle, l'Univers manifeste sa créativité. L'Univers est vivant et conscient, et il répond à notre intention quand nous avons avec lui une relation intime et quand nous ne le considérons pas comme séparé de nous, mais plutôt comme notre corps élargi.

Nous pouvons restaurer le pouvoir de l'intention au moyen d'un retour au soi authentique, ou actualisation de soi. Les gens qui parviennent à l'actualisation de soi rétablissent leur lien avec l'esprit non localisé. Ils n'ont aucun désir de manipuler ou de contrôler les autres. Ils sont insensibles à la critique comme à la flatterie. Ils ne se sentent inférieurs à personne, ni non plus supérieurs. Ils sont en contact avec le point de référence interne qui est leur âme, et non avec leur ego. L'anxiété n'est plus un problème, parce qu'elle provient du besoin de l'ego de se protéger. Et cette anxiété est ce qui interfère avec la spontanéité de l'intention. L'intention est le mécanisme à travers lequel l'esprit se transforme en réalité matérielle.

Une spiritualité mature demande la sobriété de la conscience. Si vous êtes posé, vous êtes sensible à l'information en retour tout en étant indifférent à la critique et aux éloges. Vous apprenez à lâcher prise et vous ne vous souciez plus du résultat. Vous êtes confiant dans le résultat et commencez à voir la synchronicité qui sans cesse s'organise autour de vous. L'intention fournit des occasions auxquelles il faut être vigilant. La chance, c'est la rencontre de l'opportunité et de la préparation. L'intention vous offrira certes des opportunités, mais il vous faudra tout de même agir lorsque celles-ci se manifesteront.

Chaque fois que vous agissez, faites-le avec l'attitude que ce n'est pas vous qui accomplissez l'action. Considérez que

vos actions sont vraiment celles de l'intelligence non localisée, l'esprit organisationnel universel, et agissez en consé-
quence. Vous remarquerez progressivement une grande
diminution de l'anxiété. Vous serez également moins attaché
au résultat.

Le stress est une forme d'anxiété. Si vous êtes stressé, vous
ne pouvez même pas commencer à penser à la synchronicité.
La synchronicité est un moyen d'entrer en contact avec Dieu.
C'est une voie pour trouver un sens et un but dans votre vie.
C'est un moyen de faire l'expérience de l'amour et de la compassion, de se connecter à l'intelligence non localisée de
l'Univers. Si mon attention est focalisée sur des situations
génératrices de stress, il est alors difficile d'accéder à la synchronicité. Pour y parvenir, il faut avoir une attitude d'abandon envers le domaine universel, qui est beaucoup plus
grandiose que tout ce que l'on peut imaginer. L'abandon
demande un effort de foi, un saut dans l'inconnu, que vous
pouvez soutenir à l'aide de votre dialogue intérieur, en
disant : « Les choses ne vont pas selon mes désirs. Je lâche
l'idée que je me fais à propos de ce qu'elles devraient être.
Ma conscience de ce qu'est 'moi' et 'mien' doit s'élargir. » Si
vous faites un tel effort de foi, vous serez grandement récom-
pensé. Si vous vous retrouvez en train de vous faire du souci
à propos des factures du mois prochain, il serait approprié de
vous rappeler que votre intention est non seulement de satisfaire vos besoins mais également d'envoyer vos enfants à
l'école et d'apporter votre contribution à la communauté.
Tout le monde veut satisfaire ces besoins dans la vie. Néanmoins, le fait d'avoir clairement exprimé votre intention de
les satisfaire les emmène jusqu'à l'esprit infini, et revient à
dire : « Je mets tout ceci entre tes mains. Je ne vais pas me
ronger les sangs à ce propos parce que toi, l'intelligence non
localisée qui réside en moi, va en prendre soin. »

Les grands artistes, les musiciens de jazz, les écrivains et les scientifiques disent qu'ils doivent transcender leur identité individuelle lorsqu'ils créent. J'ai travaillé avec de très nombreux musiciens et d'auteurs compositeurs et je n'en ai jamais rencontré un seul qui pense à ses royalties en écrivant une chanson. Une nouvelle chanson ou un nouveau morceau de musique implique le lâcher prise et l'incubation dans le domaine non localisé avant de laisser la musique ou la chanson venir à soi. Tout processus créatif dépend d'une phase d'incubation et d'accueil. La synchronisation est un processus créatif. Dans ce cas, cependant, l'esprit créatif est le Cosmos lui-même. Lorsque le souci que l'on se fait pour soi-même s'en va, alors l'intelligence non localisée fait son entrée.

Rappelez-vous, vos pensées ne doivent pas s'opposer aux projets de l'Univers. Souhaiter gagner à la loterie peut accentuer votre sensation de séparation d'avec l'Univers. Les gagnants évoquent souvent l'éloignement de leurs amis et de leur famille, et à les en croire leur nouvelle richesse n'augmente pas leur bonheur. Lorsque l'argent seul devient le but, il vous aliène.

Comment savoir laquelle de vos intentions a une chance d'être exaucée ? Vous découvrirez la réponse en étant attentif aux indices laissés par l'esprit non localisé. Remarquez les coïncidences dans votre vie. Les coïncidences sont des messages. Elles sont des indications, des signes de Dieu, ou de l'esprit, ou de la réalité non localisée, qui vous exhortent à sortir de votre conditionnement karmique, de vos schémas familiers de pensée. Elles vous offrent une occasion de pénétrer dans un domaine de conscience où vous vous sentez aimé et pris en charge par l'intelligence infinie qui est votre source. C'est ce que les traditions spirituelles appellent l'état de grâce.

5

Le rôle des coïncidences

Les appels du destin

P ARLER des coïncidences comme de messages codés en provenance de l'intelligence non localisée dépeint la vie comme un roman à énigmes. Soyez attentif, cherchez des indices, déchiffrez leur sens et, finalement, la vérité sera révélée. De bien des façons, c'est exactement ce qui se passe. Après tout, la vie est le mystère ultime.

Ce qui rend la vie mystérieuse, c'est que notre destinée semble dissimulée à nos yeux ; c'est seulement à son terme que nous pouvons regarder en arrière et voir le chemin que nous avons suivi. Rétrospectivement, l'histoire de notre vie se révèle parfaitement logique. Nous pouvons facilement repérer le fil de la continuité sur lequel se sont succédées les expériences de notre vie. Même aujourd'hui, où que vous en soyez dans le déroulement de votre existence, vous pouvez vous retourner et constater combien naturellement votre vie s'est déroulée, d'un événement marquant au suivant, d'une fonction ou d'un poste à un autre, d'un ensemble de circonstances à un autre, entièrement différent. Remarquez à quel point tout cela aurait pu se passer sans effort si seulement vous aviez su où menait votre chemin. Lorsqu'ils regardent en arrière, la plupart des gens se demandent : « Pourquoi donc me faisais-je tant de souci ? Pourquoi ai-je été si dur avec moi-même, ou si sévère avec mes enfants ? »

Si nous pouvions vivre continuellement au niveau de l'âme, il ne nous serait pas nécessaire de prendre du recul pour apprécier les grandes vérités de la vie. Nous les connaîtrions à l'avance. Nous prendrions part à la création de l'aventure de notre vie. Le chemin serait clairement tracé, et nous n'aurions pas besoin de panneaux indicateurs, d'indices et de coïncidences.

Cependant, la majorité d'entre nous ne vit pas au niveau de l'âme, et il nous faut donc dépendre des coïncidences qui nous montrent la volonté de l'Univers. Nous avons tous vécu des coïncidences dans notre vie. Le mot lui-même décrit parfaitement son sens : *co* veut dire « avec » et *incidence*, « événement ». Le terme *coïncidence* signifie des événements ou des incidents qui se produisent *avec* d'autres incidents – deux événements, ou plus, survenant en même temps. Parce que l'expérience des coïncidences est universelle, la plupart des gens les considèrent comme allant de soi – de petits instants étranges de la vie qui suscitent notre étonnement et que nous oublions vite.

Les coïncidences sont infiniment plus que des divertissements. Une coïncidence est un signe de l'intention de l'esprit universel et, en tant que telle, elle est pleine de sens. Certaines personnes parlent de « coïncidence significative » pour décrire des événements se produisant en même temps et qui ont une signification particulière pour la personne qui en fait l'expérience. Mais je crois que l'expression « coïncidence significative » est une redondance parce que *chaque* coïncidence a du sens, sans quoi elle ne se produirait pas. Le simple fait qu'elle ait lieu est significatif. La seule chose, c'est que parfois nous parvenons à pressentir sa signification, et que d'autres fois nous ne le pouvons pas.

Quel *est* le sens d'une coïncidence ? La partie de vous la plus profonde le sait déjà, mais cette conscience doit être amenée à la surface. Le sens ne provient pas de la coïncidence elle-même. Il vient de vous, la personne qui vit l'expérience. En fait, sans votre participation, tout incident est par essence dépourvu de signification, l'Univers entier n'a pas de sens. Nous sommes ceux qui donnons du sens aux événements, et c'est à travers l'intention que nous le faisons. Les coïncidences sont des messages du domaine non localisé, qui nous guident dans nos manières d'agir afin que nos rêves, nos intentions, se manifestent. Ainsi, pour commencer, vous devez avoir une intention, puis vous devez entrer en contact avec votre soi spirituel. Ce n'est qu'alors que vous aurez un moyen d'utiliser les coïncidences pour satisfaire vos intentions.

Avoir une intention est facile ; c'est aussi simple que de faire un souhait pour sa propre vie. Devenir davantage spirituel est difficile. Bien des gens qui se croient spirituels ne sont toujours pas connectés au vaste océan de la force de l'esprit. Ils ne font que nager à la surface de cet océan, sans jamais plonger pour découvrir les profondeurs de l'expérience universelle.

DES MIRACLES DANS LE MONDE RÉEL

Les miracles sont des phénomènes réels. Toutes les traditions abordent la question de l'existence des miracles, mais chacune avec un langage différent. Nous attribuons aux événements l'étiquette de miracles lorsqu'un résultat désiré survient de façon spectaculaire : nous voulons guérir d'une terrible maladie, ou parvenir à la richesse matérielle, ou trouver notre but. Puis, lorsque ces événements se produisent, nous nous excla-

mons : « Quel miracle ! » Quelqu'un a une intention, un désir,
une pensée, et cela se réalise. Un miracle est donc un exemple
tout à fait spectaculaire de ce qui arrive lorsqu'une personne
est capable de se connecter au domaine spirituel et de mettre
son intention en pratique pour manifester sa destinée.

Voici un exemple d'une coïncidence remarquable. David
était amoureux d'une femme nommée Joanna. Il en était totalement amoureux, mais il hésitait un peu à s'engager et à se
marier. Il décida finalement d'emmener Joanna dans un parc
et de lui proposer de l'épouser. Bien qu'il éprouvât toujours
une certaine réticence à s'engager, il s'était réveillé ce matin-
là plein d'un sentiment de paix, avec l'impression que tout se
passerait bien. Il avait déjà disposé la couverture pour le pique
nique et était en train de prendre son courage à deux mains
pour faire sa demande lorsqu'un avion passa au-dessus de leurs
têtes, remorquant une banderole publicitaire. Joanna leva les
yeux et dit : « Je me demande ce qui est écrit là-dessus. » Sans
réfléchir, David lâcha : « Il est écrit : 'Joanna, épouse-moi' ».
Tous deux regardèrent plus attentivement et virent qu'effectivement se trouvait là une banderole qui portait cette ins-
cription : « JOANNA, ÉPOUSE-MOI ». Elle tomba dans ses bras,
ils s'embrassèrent et, à cet instant, David sut qu'épouser
Joanna était parfaitement bon pour lui. Le lendemain, ils
lurent dans le journal qu'une autre personne avait fait sa
demande en mariage à son amie, Joanna, au moyen d'une banderole au-dessus du parc ; l'avion les avait survolés juste au
moment propice pour David. Cette remarquable coïncidence
était un indice pour le futur de David, un miracle. Ils sont
toujours mariés, avec bonheur.

Les gens qui ne s'intéressent pas à la spiritualité attribuent
ce genre d'événements à la chance. Je crois personnellement
que la « chance » – ou tout au moins la définition que nous
en donnons généralement – n'a rien à voir avec cela. Ce que
la plupart des gens appellent « chance » n'est rien de plus, ni

de moins, que l'application de la synchronicité à la satisfaction de nos intentions. Louis Pasteur, le scientifique qui découvrit que les microbes peuvent causer des maladies, a dit : « La chance favorise l'esprit qui est prêt. » Cela peut être converti en une équation simple : occasion + préparation = chance. Il est entièrement possible, à l'aide des leçons de la synchrodestinée, de créer un état d'esprit qui permette de voir qu'il y a dans la vie des moments propices, et que lorsqu'on les remarque et qu'on les saisit, tout change. « Chance » est, dans le monde moderne, le terme que nous utilisons pour décrire le miraculeux.

Ainsi, synchronicité, coïncidences significatives, miracles, chance, sont différents mots pour désigner le même phénomène. Comme nous l'avons vu, l'intelligence du corps fonctionne au moyen des coïncidences et de la synchronicité. L'intelligence étendue de la Nature et de l'écosystème, le grand réseau de la vie, opère également au moyen des coïncidences et de la synchronicité, tout comme l'intelligence fondamentale de l'Univers.

Quand on commence à voir les coïncidences comme des opportunités de la vie, toutes deviennent significatives. Chaque coïncidence devient une occasion d'être créatif. Chaque coïncidence devient une occasion de devenir la personne que l'Univers vous a destiné à être.

C'est là la vérité ultime de la synchrodestinée – l'Univers tout entier conspire pour créer notre destinée personnelle. Pour ce faire, il utilise les « connexions non localisées *acausales* ». Qu'est-ce que des connexions acausales ? Si nous examinons tous les incidents disparates de nos vies à un niveau profond, nous voyons que chacun a une histoire qui se tisse dans une destinée personnelle. *Acausal* signifie que les incidents sont connectés les uns aux autres, sans qu'il y ait cependant de relation directe de cause à effet, tout au moins en superficie. Ils sont *acausals*, un mot latin qui signifie « sans cause ». Pour revenir à l'exemple que j'ai mentionné au premier chapitre, qu'est-ce que l'estime que Lady Mountbatten portait à mon père avait à voir avec ma lecture de Sinclair Lewis, ou avec la source d'inspiration qu'avait été pour moi Oppo, mon meilleur ami ? Il n'y a pas de lien, hormis le fait que tous font partie de mon histoire, laquelle m'a conduit à ma destinée particulière. Aucun de ces événements n'a *causé* les autres. Lady Mountbatten n'a pas ordonné à mon père de m'offrir un livre de Sinclair Lewis, et cependant ces deux incidents ont œuvré ensemble pour donner forme à ma vie. À un niveau plus profond, ils étaient tous liés.

Nous ne pouvons même pas imaginer les forces complexes qui sous-tendent chaque événement de notre vie. Il y a une conspiration de coïncidences qui tisse la toile du karma ou de la destinée pour créer la vie personnelle d'un individu – la mienne, ou la vôtre. La seule raison pour laquelle nous ne faisons pas l'expérience de la synchronicité dans notre vie quotidienne est que nous ne vivons pas au niveau où elle a lieu. Généralement, nous ne voyons que les relations de cause à effet : ceci cause cela, qui cause ceci, qui cause cela – des trajectoires linéaires. Cependant, sous la surface, il se passe autre chose. Invisible à nos yeux, tout un tissu de connexions se trame. Quand il devient apparent, nous voyons comment nos intentions y sont incorporées, et nous réalisons que ce tissu est beaucoup plus lié au contexte, beaucoup plus relationnel, holistique, porteur et nourrissant que notre expérience de surface.

Bien souvent, dans la vie, nous tombons dans des ornières ; nous maintenons les mêmes routines et agissons de la même manière, jour après jour, de façon prévisible. Nous réglons notre esprit sur un déroulement déterminé de nos actions, et nous continuons, tout simplement. Comment les miracles peuvent-ils se produire si nous sommes là à marcher au pas de l'oie, traversant la vie inattentifs, étourdis et inconscients ?

Les coïncidences sont comme des signaux lumineux qui attirent notre attention vers quelque chose d'important dans notre vie, des aperçus de ce qui se passe au-delà des distractions quotidiennes. Nous pouvons choisir d'ignorer ces signaux et presser le pas, ou nous pouvons y prêter attention et réaliser le miracle qui nous attend.

À l'époque où je terminais mes études de médecine, je m'intéressais tout particulièrement à la neuroendocrinologie, l'étude du fonctionnement des substances chimiques du cerveau. Même alors, je pouvais voir que c'était là un endroit où science et conscience se rencontraient, et je voulait l'explorer. Je postulai pour une bourse afin de me former auprès de l'un des plus éminents endocrinologues. Ce scientifique hautement respecté faisait un travail digne du prix Nobel, et j'étais avide d'apprendre de lui. Sur des milliers de candidats, je fis partie des six choisis pour travailler avec lui cette année-là. Peu après avoir commencé, je réalisai que dans son laboratoire il était davantage question de la gratification de son ego que de véritable science. Nous autres techniciens étions traités comme des machines censées produire en masse des articles scientifiques publiables. C'était assommant et insatisfaisant. C'était aussi une terrible désillusion que de travailler avec une personne si célèbre, si respectée, et de s'arranger pour être aussi malheureux que je l'étais. J'avais pris ce poste avec une immense dose d'idéalisme et je me retrouvais à ne faire rien d'autre qu'injecter des produits chimiques à des rats, à longueur de journée.

Tous les matins, je regardais les petites annonces du *Boston Globe*, conscient de ma déception mais persuadé que la voie sur laquelle je me trouvais était le seul moyen d'avancer. Je me revois lisant une petite annonce proposant un poste dans le service des urgences d'un hôpital local. En fait, chaque jour, en ouvrant le journal, je voyais cette petite annonce. Même si je ne faisais que le feuilleter rapidement, le journal s'ouvrait à la même page, sur la même annonce. J'y jetais un coup d'œil puis je la sortais de mon esprit. Au plus profond de moi, je pouvais m'imaginer travailler aux urgences et véritablement aider les gens au lieu d'injecter des produits chimiques à des rats, mais mon rêve avait été de décrocher cette bourse auprès du célèbre endocrinologue.

Un jour, cet endocrinologue m'apostropha de façon brutale et méprisante. Nous nous disputâmes, et je partis me calmer dans le salon. Sur la table se trouvait le *Boston Globe*, ouvert à la page de la petite annonce – celle-là même que j'avais ignorée pendant des semaines. La coïncidence était trop puissante pour ne pas être reconnue. Tout finit par se mettre en place. Je sus que j'étais au mauvais endroit, que ce je faisais n'était pas juste. J'étais saturé de cette routine, de l'ego de cet endocrinologue, des rats, du sentiment que je n'agissais pas selon mon cœur. Je retournai dans son bureau et donnai ma démission. Il me suivit sur le parking, hurlant à pleins poumons que ma carrière était ruinée, qu'il veillerait à ce que personne ne m'embauche jamais.

Sa voix résonnait encore à mes oreilles tandis que je roulais directement en direction de cette petite salle des urgences, demandais le poste et, le jour même, commençais à travailler. Pour la première fois, je devais traiter et aider des gens qui souffraient réellement. Pour la première fois depuis longtemps, j'étais heureux. La petite annonce du *Boston Globe* me faisait signe depuis des semaines, mais je l'avais ignorée. Finalement, j'avais remarqué la coïncidence et j'avais été capable de changer ma destinée. Même si le travail de laboratoire était apparemment ce que je m'étais efforcé d'obtenir toute ma vie, prêter attention à cette coïncidence m'avait permis de briser mes schémas habituels. Ce message m'était exclusivement destiné, signal lumineux personnel sur la route de ma vie. Tout ce que j'avais fait jusque là n'était qu'une préparation à ce changement. Certaines personnes avaient pensé que la bourse d'endocrinologie était une erreur en soi. Mais si je n'avais pas eu cette bourse, je ne me serais peut-être pas trouvé à Boston. Et si je n'avais pas travaillé dans le labo de l'endocrinologue, je n'aurais peut-être pas vu cette annonce et n'aurais jamais ressenti le véritable appel de mon cœur. Un nombre infini de détails avaient dû se mettre en place afin que cette partie de ma vie puisse se dérouler comme elle l'a fait.

Rumi, le Mevlana, l'un de mes poètes et philosophes préférés, dit : « Ceci n'est pas la vraie réalité. La vraie réalité est derrière le rideau. En vérité, nous ne sommes pas ici. Ceci est notre ombre. » Ce que nous expérimentons en tant que réalité quotidienne n'est qu'un jeu d'ombres. Derrière le rideau, il y a une âme, vivante, dynamique et immortelle, au-delà de l'espace et du temps. Si nous agissons à partir de ce niveau, nous pouvons consciemment influencer notre destinée. Cela se produit à travers la *synchronisation* de relations en apparence *acausales* qui modèlent une *destinée* – d'où synchrodestinée. Dans la synchrodestinée, nous participons consciemment à la création de notre vie en comprenant le monde qui demeure au-delà de nos sens, le monde de l'âme.

LA COÏNCIDENCE DE L'UNIVERS

Rien – absolument rien – n'existerait sans un ensemble remarquable de coïncidences. J'ai lu un jour l'article d'un physicien décrivant le Big Bang qui a donné naissance à notre Univers. Il expliquait qu'à cet instant précis, le nombre des particules créées était légèrement supérieur à celui des antiparticules. Les particules et les antiparticules entrèrent ensuite en collision et s'annihilèrent mutuellement, emplissant l'Univers de photons. Du fait du déséquilibre initial, quelques particules demeurèrent après l'anéantissement et celles-ci créèrent le monde matériel que nous connaissons. Vous, moi et le reste de l'Univers, avec toutes les étoiles et les galaxies, sommes les restes de cet instant de création. Le nombre total des particules restantes était de 10^{80} (le chiffre 1 suivi de 80 zéros). S'il avait été légèrement supérieur, les forces gravitationnelles auraient forcé le jeune Univers à s'effondrer en lui-même, formant un gigantesque trou noir, ce qui voudrait dire que ni vous, ni moi, ni les étoiles et les galaxies ne serions là. Si le nombre des particules de matière avait été à peine supérieur, l'Univers se serait dilaté si rapidement que les galaxies n'auraient pas eu le temps de se former comme elles l'ont fait.

Les premiers atomes étaient de l'hydrogène. Si la puissante force qui maintient le noyau d'un atome avait été ne fût-ce qu'infiniment plus faible, le deutérium, un stade que l'hydrogène traverse avant de devenir de l'hélium, ne se serait pas produit et l'Univers serait resté à l'état d'hydrogène pur. Si, d'un autre côté, les forces nucléaires avaient été à peine plus puissantes, tout l'hydrogène aurait rapidement brûlé, ne laissant pas de carburant pour les étoiles. Ainsi, de même que les forces gravitationnelles devaient avoir exactement la puissance qu'elles avaient, les forces électromagnétiques qui maintenaient les électrons en place devaient être exactement ce qu'elles étaient – ni plus, ni moins – pour que les étoiles puissent évoluer en supernovae et que les éléments denses se développent.

La formation du carbone et de l'oxygène, essentiels à la création des organismes biologiques, nécessita de nombreuses coïncidences tant pour avoir lieu que pour continuer de se produire dès l'instant du Big Bang. Le fait que vous et moi existions, et que l'Univers existe, avec ses étoiles, ses galaxies et ses planètes, est un événement hautement improbable ! Une totale coïncidence ! Un miracle, qui remonte à la naissance du temps.

Si vous aviez pu regarder n'importe quel point particulier de l'Univers à cette époque, vous n'auriez pas vu la totalité de la structure en train de se développer. Quand les étoiles étaient en formation, il vous aurait été impossible d'imaginer les planètes, sans parler des girafes, des araignées, des oiseaux et des humains. Au moment où le sperme est entré en contact avec l'ovule pour créer l'être humain que vous êtes, personne n'aurait pu imaginer la remarquable histoire de votre vie, les tours et les détours fantastiques de votre passé, les gens que vous alliez rencontrer, les enfants que vous alliez mettre au monde, l'amour que vous généreriez, l'impression que vous laisseriez sur cette terre. Et cependant vous voici, preuve vivante des miracles quotidiens. Le simple fait que nous ne puissions observer les miracles de la même façon que nous nous émerveillons de tours de magie – en éprouvant un plaisir immédiat – ne veut pas dire qu'ils ne se produisent pas. Bien des miracles prennent du temps avant d'être révélés et appréciés.

Voici un autre exemple de ma vie, qui illustre cette fois les mécanismes lents de la synchronicité. L'histoire commença lorsque j'avais entre dix et onze ans, un jour où mon père nous emmena, mon frère et moi, assister à un match de cricket entre l'Inde et les Antilles. Les Antilles avaient d'extraordinaires joueurs de cricket, dont certains étaient capables de lancer la balle à plus de cent cinquante kilomètres heure. L'équipe indienne était en train de se faire méchamment malmener par celle des Antilles, à cinq wickets pour un petit nombre de runs, ce qui est un désastre en cricket. Puis deux jeunes joueurs firent leur entrée. Pour préserver leur intimité, je les appellerai Salim et Mohan.

Ils furent extraordinaires. Ils prirent la mesure de l'adversaire, défendirent chaque balle et marquèrent six runs à chaque tour. Grâce à eux, l'équipe de l'Inde reprit sa place et gagna ce match totalement impossible. Il y eut presque des émeutes dans le stade à force d'enthousiasme. Des gens mirent le feu aux wickets. Pour mon frère et moi, ces deux joueurs devinrent des héros. Nous ne rêvions qu'au cricket.

Nous fondâmes un club de cricket et commençâmes un album avec des informations sur Mohan et Salim.

Quarante ans plus tard, je voyageais en Australie avec trois amis. Nous ne parvenions pas à trouver un taxi pour l'aéroport, parce que tous les véhicules étaient pris d'assaut par les spectateurs d'un match de cricket entre l'Australie et les Antilles. Même louer une voiture était impossible. Finalement, le portier de l'hôtel nous informa qu'une limousine partait pour l'aéroport – elle devait y conduire d'autres personnes, mais celles-ci ne voyaient pas d'inconvénient à la partager. Heureux de trouver un moyen de transport, nous montâmes dans la limousine, où une femme nommée Kamla et un autre homme avaient déjà pris place. Durant le trajet, le chauffeur poussait des cris à tout instant et nous nous demandions ce qui se passait. Il nous apprit que les Antilles étaient en train de battre l'équipe d'Australie à plate couture. À cet instant, ma conscience fut complètement envahie par les souvenirs du match de mon enfance. C'était une sensation si étonnante que je la partageai avec mes compagnons de route. Ce match s'était déroulé des dizaines d'années auparavant mais je pouvais en décrire chaque détail.

Lorsque finalement nous arrivâmes au guichet de l'aéroport, l'employé annonça à Kamla que son vol n'était prévu que le lendemain après-midi. Elle était venue un jour trop tôt ! Elle voulut trouver une place dans un autre avion le même jour, mais tous étaient déjà pleins. Elle appela l'hôtel pour prolonger son séjour d'une nuit mais, là aussi, toutes les chambres étaient prises à cause du match de cricket. Nous lui proposâmes donc de venir avec nous à Brisbane. L'un de mes amis parla à Kamla de la conspiration des improbabilités, ou comment les coïncidences sont des indications de la volonté de l'Univers. Au bout du compte, elle se joignit à nous. Dans l'avion, un Indien assis à ma gauche me reconnut et sortit un exemplaire de l'un de mes livres, *Les sept lois spiri-*

tuelles du succès. Il me demanda un autographe. Je lui demandai son nom. « Ramu », répondit-il. « Bien, Ramu, lui dis-je. Quel est votre nom de famille ? » « Menon », dit-il. « Vous n'êtes pas le fils de Mohan Menon ! » m'exclamais-je. Il répondit que si. Mohan Menon avait été mon héros des dizaines d'années auparavant à ce match de cricket auquel j'avais assisté avec mon frère ! Nous parlâmes pendant deux heures. J'étais complètement submergé par l'émotion. Pour moi, c'était comme parler avec le fils de Babe Ruth ! Je lui demandai s'il jouait au cricket, il répondit qu'il avait arrêté mais qu'en son temps il avait joué avec quelques grands champions. Lorsque je voulus savoir leurs noms, il dit : « Ravi Mehra ». À cet instant, Kamla, assise derrière moi, poussa un cri. Ravi Mehra était son frère. Ils se mirent à converser et il apparut que chacun d'eux avait des contacts d'affaires qui pouvaient être utiles à l'autre et, plus tard, ils purent s'aider mutuellement de sorte que tous deux s'enrichirent considérablement. J'étais l'heureux catalyseur de la transformation de la vie de ces deux étrangers que je venais à peine de rencontrer ! Quelques quarante ans après ce premier match de cricket, le tissu complexe et imprévisible des relations avait créé de nouvelles opportunités. On ne peut jamais savoir comment ni quand une expérience de la vie réapparaîtra. On ne sait jamais à quel moment une coïncidence débouchera sur l'occasion de notre vie.

L'ATTENTION ET L'INTENTION

La conscience orchestre son activité en réponse à l'attention et à l'intention. Tout ce sur quoi vous dirigez votre attention se renforce. Tout ce à quoi vous retirez votre attention s'atténue. D'un autre côté, comme nous l'avons vu, l'intention est la clé de la transformation. On peut donc dire que l'attention active le champ d'énergie, tandis que l'intention active le champ d'information, ce qui génère la transformation.

Chaque fois que vous parlez, vous transmettez de l'information au moyen d'un champ d'énergie utilisant les ondes sonores. Chaque fois que vous envoyez ou recevez un courrier électronique, vous utilisez l'information et l'énergie. Il y a de l'information dans les mots que vous choisissez, et l'énergie est l'impulsion électromagnétique qui voyage à travers le cyberespace. Information et énergie sont inséparablement liées.

Avez-vous déjà remarqué que, lorsque vous commencez à prêter attention à un mot, une couleur ou un objet particulier, cette chose précise semble apparaître plus souvent dans votre environnement ? Ma première voiture était une Coccinelle. Je n'avais jamais vraiment fait attention aux voitures, et j'avais rarement remarqué des Volkswagen sur la route. Mais après que j'eus acheté la mienne, je me mis à voir des Coccinelles partout ! On eût dit que chaque troisième voiture était une Coccinelle décapotable rouge ! Ce n'est pas que ces petites voitures jouassent un rôle plus important dans l'Univers, mais l'attention que je leur portais fit que tout ce qui était associé aux Coccinelles « sautait » dans le champ de mon attention.

Des millions de choses se produisent tous les jours, qui ne pénètrent jamais dans notre esprit conscient : bruits de la rue, conversations des gens autour de nous, articles de journaux que nos yeux parcourent rapidement, motifs sur les habits, couleur des chaussures, odeurs, textures, saveurs. Comme notre conscient ne peut traiter qu'un nombre limité d'informations à la fois, nous avons une attention sélective. Ce sur quoi nous choisissons de focaliser notre attention doit passer à travers le système de filtre de l'esprit. Imaginez, par exemple, que nous sommes à une fête et que nous parlons ensemble. Vous et moi avons une conversation intéressante et le reste de la fête bourdonne dans l'arrière-plan. Puis, à l'autre bout de la pièce, quelqu'un se met à parler de vous et vous commencez soudain à écouter ce qu'il dit. Le bourdonnement de la fête disparaît, et même si je suis tout proche de vous et que je vous parle à l'oreille, vous ne m'entendrez pas. Tel est le pouvoir de l'attention.

Dans le monde physique, nous avons de nombreux moyens différents de recevoir de l'information : journaux, livres, télé-vision, radio, conversations par téléphone cellulaire, radios à ondes courtes – toutes ces manières de nous brancher sur dif-férents types d'information, et bien d'autres, nous sont immé-diatement disponibles. Tout ce que nous avons à faire est de nous régler sur elles avec nos systèmes sensoriels – regarder, écouter, ressentir, sentir, goûter l'environnement autour de nous. Mais si nous voulons nous connecter à l'information qui réside au niveau de l'âme, nous avons besoin d'un autre moyen.

En temps ordinaire, notre attention n'est pas orientée vers cette dimension invisible, et cependant tout ce qui survient dans le monde visible y a son origine. Tout est connecté à tout le reste. Dans le monde spirituel, ces connexions devien-nent visibles. Mais dans le monde physique, nous ne faisons qu'entrevoir les connexions dans les indices qui nous sont donnés par les coïncidences. De même que notre attention crée de l'énergie, l'intention entraîne la transformation de cette énergie. L'attention et l'intention sont les plus puissants instruments du pratiquant spirituel. Ils sont les déclencheurs par lesquels un certain type d'énergie et un certain type d'information sont attirés.

Ainsi, plus vous prêterez attention aux coïncidences, plus vous en attirerez d'autres qui vous aideront à clarifier leur signi-fication. Le fait de mettre votre attention sur la coïncidence attire l'énergie, puis celui de poser la question « Qu'est-ce que cela signifie ? » attire l'information. La réponse peut venir sous forme d'une certaine compréhension, d'un sentiment intuitif, d'une rencontre ou d'une nouvelle relation. Vous pourriez, par

exemple, faire l'expérience de quatre coïncidences sans relation apparente, puis regarder le journal télévisé du soir – et
comprendre. « Ah ! C'était cela, leur message pour moi ! » Plus
vous êtes attentif aux coïncidences et plus vous recherchez et
examinez leur signification, plus souvent les coïncidences se
produisent et plus clairement leur sens se révèle. Lorsque vous
pouvez voir et interpréter les coïncidences, votre chemin vers
la satisfaction et la complétude se dessine.

Dans l'expérience de la plupart des gens, le passé ne réside
que dans la mémoire et le futur ne vit que dans l'imagination.
Mais au niveau spirituel, le passé, le futur et toutes les différentes probabilités de la vie existent simultanément. Tout se
produit en même temps. C'est comme si j'écoutais un CD,
que ce CD avait vingt-cinq pistes mais que pour l'instant je
n'entendais que la première. Les autres pistes sont néanmoins
toujours sur le CD à ce même instant, simplement je ne les
entends pas. Et si je ne suis pas conscient de leur présence,
je peux supposer qu'elles n'existent pas. Si je disposais d'un
changeur de piste pour mon expérience de vie, je pourrais
écouter celle d'hier, celle d'aujourd'hui ou celle de demain
tout aussi facilement. Les gens qui sont à l'écoute de leur soi
profond peuvent accéder à ce domaine parce que ce soi n'est
pas séparé de l'Univers ; les bouddhistes disent que notre
« soi » est un inter-être qui est interconnecté avec tout ce qui
existe. Nous faisons inséparablement partie de la soupe cosmique quantique.

CULTIVER LES COÏNCIDENCES

Nous savons maintenant que diriger son attention sur les
coïncidences attire davantage de coïncidences et qu'appliquer
son intention en révèle le sens. De cette façon, les coïncidences deviennent des indices de la volonté de l'Univers, nous

offrant ainsi un moyen de voir sa synchronicité et de tirer profit des occasions infinies que la vie nous présente. Mais, avec les milliards d'éléments d'information qui nous atteignent à chaque instant, comment savoir à quoi accorder son attention ? Comment s'abstenir de rechercher du sens dans chaque tasse de thé, chaque spot publicitaire à la télévision, chaque regard d'une personne étrangère dans la rue ? Et inversement, comment ne pas passer à côté de précieuses opportunités ?

On ne peut apporter de réponse simple à ces questions. Apprendre à vivre la synchrodestinée consiste en partie à apprendre à devenir un instrument sensible à notre environnement. Maintenant, fermez les yeux pendant un moment. Essayez de tout percevoir de votre environnement. Quels sons entendez-vous ? Quelles odeurs, quelles sensations, quelles saveurs percevez-vous en ce moment ? Posez votre attention sur chaque sens séparément durant un moment, et soyez pleinement conscient.

Si vous n'aviez jamais fait cet exercice, il est probable que vous n'aurez pas remarqué certains de ces stimuli communs – non parce qu'ils sont faibles, mais parce que nous y sommes tellement habitués que nous n'y prêtons plus aucune attention. Par exemple, quelle *sensation* avez-vous éprouvée ? Quelle était la température ? Y avait-il une légère brise, ou l'air était-il immobile ? Quelles parties de votre corps étaient-elles en contact avec le siège sur lequel vous êtes assis ? Avez-vous remarqué la pression sur la face postérieure de vos cuisses, ou sur le bas de votre dos ? Et les sons ? La plupart d'entre nous distinguent facilement l'aboiement d'un chien dans le lointain ou les bruits d'enfants jouant dans la pièce voisine, mais qu'en est-il des sons plus subtils ? Pouviez-vous entendre le souffle de la chaudière ou de la ventilation ? Le bruit de votre respiration ? Les gargouillements de votre estomac ? Le bourdonnement assourdi de la circulation ?

Les gens sensibles aux événements et aux stimuli qui les entourent seront sensibles aux coïncidences envoyées par l'Univers. Les signaux que nous recevons n'arrivent pas toujours par la poste ou sous forme de flashes sur un écran de télévision (bien que ce soit, parfois, effectivement le cas). Les indices peuvent être aussi subtils que l'odeur de la fumée d'une pipe flottant à travers une fenêtre ouverte, ce qui vous fait penser à votre père, et cela vous rappelle un livre qu'il aimait et qui, d'une manière ou d'une autre, vient jouer un rôle important dans votre vie à ce moment-là.

Une fois par jour, au moins, concentrez-vous pendant une ou deux minutes sur l'un de vos cinq sens – vue, audition, goût, toucher, odorat – et permettez-vous de remarquer le plus possible d'aspects différents de ce sens. Bien qu'au début cela demande un effort, vous vous rendrez rapidement compte que vous le faites naturellement. Mettez les autres sens en suspens s'ils ont trop tendance à vous distraire. Par exemple, essayez de manger différents types d'aliments tout en vous bouchant le nez et en fermant les yeux ; concentrez-vous sur la texture de la nourriture sans être distrait par sa vue et son odeur.

Les stimuli les plus puissants et les plus inhabituels attireront naturellement votre attention. Ce sont là les éléments de votre environnement que vous devez regarder de plus près. Et plus la coïncidence est improbable, plus l'indice est puissant. Si vous envisagez de vous marier, le fait de devenir plus conscient des publicités pour les anneaux de mariage est une coïncidence mineure, parce que ce genre de publicité abonde. Mais qu'une banderole disant JOANNA, ÉPOUSE-MOI passe au-dessus de votre tête alors que vous vous préparez à faire votre demande à Joanna est hautement improbable, et représente un message très puissant sur le chemin que l'Univers a prévu pour vous.

Lorsque survient une coïncidence, ne l'ignorez pas. Demandez-vous : « Quel est le message ? Quel est la signification de tout cela ? » Vous n'avez pas besoin de creuser pour trouver des réponses. Posez la question, les réponses émergeront. Elles pourront arriver comme un éclair soudain de compréhension, une expérience créative spontanée, ou comme quelque chose de très différent. Peut-être rencontrerez-vous quelqu'un qui est, d'une manière ou d'une autre, relié à la coïncidence qui s'est produite. Un contact, une relation, une rencontre fortuite, une situation, une circonstance vous donneront immédiatement un indice quant à sa signification. « Oh, c'est donc de cela qu'il s'agissait ? »

Pensez à ma dispute avec l'endocrinologue, la goutte d'eau qui avait fait déborder le vase, et voyez en quoi elle a finalement donné sens à l'annonce du *Boston Globe* que je remarquais sans y répondre. La clé, c'est de prêter attention et de demander.

Un autre moyen de cultiver et de soutenir le processus des coïncidences est de tenir un journal des coïncidences de votre vie. Après des années de prise de notes, je classifie les coïncidences en petites, moyennes, énormes et doublement énormes. Vous pouvez le faire de la façon qui vous convient le mieux. Pour certaines personnes, il est plus facile d'écrire un journal quotidien et de souligner des mots, des phrases ou des noms de choses qui se manifestent comme des coïncidences. D'autres préfèrent tenir un journal spécialement réservé aux coïncidences. Ils commencent une nouvelle page pour chaque coïncidence importante puis notent sur cette page tout ce qui peut s'y rattacher.

Pour ceux qui veulent fouiller la question, l'un des processus que je recommande est la récapitulation. C'est une manière de se mettre en position d'observateur de sa propre vie et de ses rêves, de sorte que les connexions, les thèmes, les images et les coïncidences deviennent plus évidentes. Parce que notre lien avec l'âme universelle est beaucoup plus apparent lorsque nous rêvons, ce processus vous permet l'accès à un niveau de coïncidences tout à fait nouveau.

Le soir, au moment d'aller vous coucher, asseyez-vous quelques minutes et imaginez que, sur l'écran de votre conscience, vous observez tout ce qui s'est passé durant la journée. Visionnez cette journée comme un film. Regardez-vous vous lever le matin, vous brosser les dents, prendre votre petit déjeuner, conduire jusqu'à votre lieu de travail, diriger vos affaires, revenir chez vous, préparer le dîner – tous les événements de la journée jusqu'au moment d'aller vous coucher. Il n'est pas nécessaire d'analyser ce que vous voyez, ni d'évaluer ou de juger… simplement, regardez le film. Voyez-le en entier. Il se peut même que vous remarquiez des choses qui ne vous avaient pas frappé sur le moment. Vous pourriez constater que la femme qui se tenait derrière le comptoir de la station service avait la même couleur de cheveux que votre mère lorsque vous étiez jeune. Ou remarquer particulièrement un petit enfant qui pleure tandis que sa mère l'entraîne dans une allée du supermarché. Il est incroyable de voir le nombre de choses qui ressortent dans le film de votre journée et que vous n'aviez pas consciemment remarquées sur le moment.

Tandis que vous regardez votre journée défiler dans le film, prenez cette occasion pour vous considérer avec objectivité. Peut-être vous trouverez-vous faisant des choses dont vous êtes particulièrement fier, ou constaterez-vous que, parfois, il vous arrive de faire des choses embarrassantes. Encore une fois, l'objectif n'est pas de juger ni d'évaluer, mais de gagner en compréhension sur le comportement du personnage central – ce protagoniste qui est vous.

Lorsque la récapitulation est terminée – ce qui peut prendre seulement cinq minutes, ou durer aussi longtemps qu'une demi heure –, dites-vous la chose suivante : « Tout ce que j'ai pu observer, ce film d'un jour de ma vie est maintenant rangé en sécurité. Je peux évoquer ces images sur l'écran de ma conscience, mais dès que je les laisse aller, elles disparaissent. » Le film est terminé. Puis, en allant vous coucher, dites-vous : « Tout comme je viens de récapituler la journée, je donne à mon âme, mon esprit, mon subconscient, l'instruction d'observer mes rêves. » Au début, il se peut que vous ne remarquiez guère de changements. Mais si vous pratiquez cela chaque nuit durant quelques semaines, vous commencerez à avoir une expérience très claire du fait que le rêve est le décor et que vous êtes la personne qui le regarde. Le matin, quand vous vous réveillez, récapitulez la nuit tout comme vous avez récapitulé la journée.

Dès que vous êtes capable de vous rappeler le film de vos rêves, notez quelques unes des scènes mémorables. Intégrez-les à votre journal. Remarquez particulièrement les coïncidences. L'intelligence non localisée vous donne des indices dans vos rêves tout comme elle vous en donne dans vos heures de veille. Pendant la journée, je rencontre des gens, j'ai des interactions, je me trouve dans des situations, des circonstances, des événements, des relations... et la nuit je me trouve également dans ces situations. La différence est que le jour, il semble y avoir une explication logique, rationnelle à ce qui se passe. Nos rêves ne sont pas seulement des projections de notre propre conscience ; ils sont, en fait, la façon dont nous interprétons nos chemins de vie. Les mécanismes des rêves et les mécanismes de ce qui nous arrive dans la soi-disant réalité sont les mêmes projections de la même âme. Nous ne sommes que des témoins.

Ce qui se passe ensuite, c'est que petit à petit nous voyons des corrélations, des images qui se répètent tant dans les rêves que dans la réalité quotidienne. Davantage de coïncidences offrent davantage de signes pour guider notre comportement. Nous commençons à profiter d'un plus grand nombre d'occasions. Nous avons plus de « chance ». Ces indices indiquent la direction à donner à notre vie. À travers ce processus de récapitulation, nous voyons des motifs récurrents et nous commençons à éclaircir le mystère de la vie.

Ce processus est particulièrement utile pour abandonner des habitudes destructrices. La vie a certains thèmes qu'elle met en scène, qu'elle joue. Parfois, ces thèmes œuvrent à notre avantage. D'autres fois, ils travaillent contre nous, en particulier si nous répétons les mêmes schémas ou les mêmes thèmes, encore et encore, tout en espérant obtenir un résultat différent. Bien des gens qui divorcent, par exemple, tombent à nouveau amoureux mais se retrouvent dans un type de relation exactement identique au précédent. Ils répètent le même traumatisme, revivent la même angoisse puis ils disent : « Pourquoi cela m'arrive-t-il toujours ? » Le processus de récapitulation peut nous aider à observer ces schémas, et une fois que nous les distinguons, nous pouvons faire des choix plus conscients. Tenir un journal n'est pas absolument nécessaire, mais cela permet d'amener les compréhensions et les coïncidences à la surface.

Aussi, restez sensible, observez les coïncidences dans votre vie éveillée et dans vos rêves, et accordez une attention particulière à tout ce qui brise l'amplitude des probabilités – la probabilité statistique d'un événement spatio-temporel. Nous avons tous besoin de planifier les choses jusqu'à un certain stade, de faire des hypothèses sur le lendemain même si, en fait, nous ne savons pas ce qui va se produire. Tout ce qui dérange nos plans, tout ce qui nous fait dévier de la trajectoire sur laquelle nous pensons être installés peut nous permettre des prises de conscience essentielles. Même l'absence d'événements attendus peut être une indication de l'intention de l'Univers. Les gens qui ont du mal à sortir de leur lit le matin pour se rendre à un travail qu'ils détestent, qui trouvent difficile de s'engager dans leurs activités professionnelles, qui se sentent émotionnellement « morts » après un jour au bureau doivent prêter attention à de tels ressentis. Ce sont des signaux importants, exprimant qu'il doit y avoir un moyen d'éprouver plus de satisfaction dans la vie. Peut-être un miracle attend-il dans les coulisses ? On ne le saura jamais avant de formuler une intention, de devenir sensible aux indices de l'Univers, de suivre la chaîne des coïncidences et de prendre part à la création de la destinée que l'on désire le plus.

Bien sûr, la vie peut être difficile, et nous avons tous des corvées quotidiennes, des responsabilités et des obligations qui peuvent devenir écrasantes. Les coïncidences peuvent voler vers vous de toutes les directions, ou elles peuvent donner l'impression de s'assécher totalement. Comment trouver son chemin dans un monde si complexe ? Prenez cinq minutes chaque jour et restez simplement assis en silence. Pendant ce moment, amenez les questions suivantes à votre attention et à votre cœur : « Qui suis-je ? Qu'est-ce que je veux dans ma vie ? Qu'est-ce que je veux dans ma vie aujourd'hui ? » Puis détendez-vous et laissez le courant de votre conscience, votre voix intérieure plus tranquille, apporter les réponses à ces questions. Ensuite, après cinq minutes, écrivez-les. Faites cela tous les jours et vous aurez la surprise de voir comment les situations, les circonstances, les événements et les gens s'orchestrent autour des réponses. C'est le début de la synchrodestinée.

Pour certaines personnes, répondre à ces questions pour la première fois peut s'avérer difficile. Beaucoup d'entre nous n'ont pas l'habitude de penser en termes de leurs propres besoins, et s'ils le font ils ne s'attendent certainement pas à les satisfaire. Si vous n'avez pas défini pour vous-même le but de votre vie, que faites-vous alors ? Il serait utile que l'Univers nous fournisse un immense indice, ou une boussole géante, si vous préférez, qui nous montre la direction à prendre. En fait, la boussole est là. Pour la trouver, il vous faut seulement regarder en vous-même et découvrir le désir le plus pur de votre âme, son rêve pour votre vie. Asseyez-vous en silence. Lorsque vous découvrez ce désir et comprenez sa nature essentielle, vous détenez un flambeau inextinguible qui peut se traduire et se manifester sous forme de symboles archétypaux.

6

Désirs et archétypes

De l'âme collective à l'âme individuelle, les clés de notre destinée

NOUS ARRIVONS maintenant au cœur de la synchro-destinée. Nous avons découvert la nature duelle de l'âme et nous comprenons que nous faisons pleinement partie de l'intelligence non localisée, tout comme une vague fait partie de l'océan. Nous avons appris à voir la synchronicité en toute chose, la matrice qui nous relie à la source de l'Univers. Nous avons appris à apprécier les coïncidences comme des messages de l'intelligence non localisée, qui nous aiguillent, nous guident en direction de notre destinée, et nous savons que nos intentions peuvent influencer cette direction. Toutes ces révélations sont essentielles pour vivre une vie profondément satisfaisante. Mais quand nous en sommes à rechercher un guide qui nous montre comment construire notre vie quotidienne, il nous reste encore à répondre à la question centrale du soi : « Quels sont mes rêves et mes désirs ? » Et l'on ne peut y répondre qu'en demandant, de surcroît : « Qui suis-je ? Qu'est-ce que je veux ? Quel est mon but dans cette vie ? »

Nous savons que nos relations, significations et contextes les plus profonds proviennent de l'âme. Et ultimement, notre aspiration, cette chose noble, merveilleuse et mythique que nous languissons de réaliser, prend également sa source dans l'âme. Dans notre vie sur terre, cette âme individuelle ne sera comblée que si elle accomplit sa quête mythique, que nous pouvons considérer comme le Grand Plan autour duquel notre destinée est organisée. Chaque être humain est porteur d'un thème dominant, sorte de modèle de vie héroïque, d'un dieu ou d'une déesse à l'état d'embryon qui aspire à venir au monde. C'est ce que nous étions destinés à être, le soi dont nous nous privons parce que la plupart d'entre nous ne peuvent voir le champ de potentiel illimité qui leur est ouvert. C'est notre soi le meilleur, le soi dépourvu d'ego, ce fragment d'Univers qui œuvre à travers nous pour le bien de tous.

Les gens qui vivent une vie ordinaire, mondaine, n'ont pas été en contact avec l'être mythique qui les habite. Il vous est possible d'ouvrir la voie menant à l'éveil en comprenant le plan écrit pour votre âme, en alimentant les relations qui vous offrent contexte et sens et en jouant votre drame mythique. C'est cela qui donne naissance à l'amour et à la compassion. C'est de là que vient le sentiment de contentement et de complétude.

Ces histoires mythiques, ces héros et héroïnes intérieurs, sont appelés archétypes. Les archétypes sont des thèmes éternels qui résident au niveau de l'âme collective, universelle. Ces thèmes sont des représentations des aspirations de notre âme collective, de son imaginaire et de ses désirs les plus profonds. Ils existent depuis toujours. Nous les voyons dans les écrits des cultures anciennes, dans la littérature à travers les âges. Leur forme varie avec les époques, mais leur essence demeure la même. Ces archétypes sont mis en scène dans les films modernes, dans les feuilletons à l'eau de rose de la télévision et dans les quotidiens populaires. Chaque fois qu'une personne ou un personnage est « plus vrai que nature », nous voyons l'expression d'un archétype. Ces personnages sont généralement présentés comme des êtres peu sophistiqués et leur intention, quelle qu'elle soit, est claire. Divin ou diabolique, sacré ou profane, le pécheur ou le saint, l'aventurier, le sage, le chercheur, le sauveur, l'objet d'amour, le rédempteur – tous sont des expressions exagérées de l'énergie consciente de l'âme collective.

Les archétypes naissent de l'âme collective mais ils sont représentés par des âmes individuelles. Leurs drames mythiques se jouent chaque jour dans notre monde physique. En regardant Marilyn Monroe, nous voyons facilement l'incarnation d'Aphrodite, déesse du sexe et de la beauté. Nous pouvons reconnaître en Robert Downey junior l'incarnation de Dionysos ou de Bacchus, l'esprit indompté et amoureux du plaisir. La princesse Diana était Artémis, la non-conformiste, la sauvage, la briseuse de lois, l'intrépide guerrière qui se bat pour ce qu'elle croit juste.

Chaque être humain est accordé à un archétype, ou à deux ou trois archétypes. Chacun de nous est câblé au niveau de l'âme pour représenter ou modéliser des caractéristiques archétypales. Celles-ci sont des graines semées en nous. Lorsqu'une graine germe, elle libère les forces structurantes qui lui permettent de se développer et de devenir un certain type de plante. Une graine de tomate donnera toujours un plant de tomate, pas un rosier. L'activation d'un archétype libère ses forces structurantes qui nous permettent de devenir davantage ce que nous sommes déjà destinés à être. Et nos archétypes individuels se reflètent dans nos désirs ou dans nos intentions. Ainsi, qui êtes-vous ? Que voulez-vous ? Quel est le but de votre existence ? Au niveau le plus profond, c'est à l'âme que ces questions sont posées. Et pour trouver les réponses vous devez parler à cette partie de l'âme qui vous est unique. C'est en posant ces questions et en y répondant que nous apprenons à définir nos archétypes individuels.

Nous vivons dans une société qui est si totalement orientée vers un but que tout doit avoir une étiquette, mais cela devient moins utile lorsqu'on explore la nature de son âme. Certaines personnes disent de moi que je suis un auteur. Pour d'autres, je suis un penseur spirituel, ou un médecin du corps-esprit, ou un consultant personnel. Mes enfants me considèrent comme un père, et ma femme comme son compagnon. Tous ces rôles contribuent à me définir, mais qui je suis ne cesse d'émerger alors que ma destinée se déploie. Si vous vous étiquetez, vous vous coincez, à l'image d'un papillon enfermé dans un bocal. Adopter un archétype est différent de se définir, parce qu'il ne s'agit pas de limitation. Bien au contraire. Les archétypes sont des modèles de vie, des images et des idées qui orientent votre existence vers la destinée ultime de votre âme. Reconnaître votre véritable nature et lui permettre de s'épanouir fait partie de la beauté de vivre au niveau de l'âme – vous devenez le héros ou l'héroïne d'une saga mythique.

Si nous nous laissons influencer par les forces du monde physique, qu'elles soient bien intentionnées ou non, nous nous détournons de la destinée de notre âme. Nous nous mettons à désirer des choses qui ne sont pas faites pour nous ; nous commençons à avoir des intentions qui ne s'harmonisent pas à celles de l'Univers. Quelle forme ces forces peuvent-elles donc prendre ? Elles peuvent être aussi innocentes que des amis qui sont persuadés de nous conseiller dans notre intérêt ; elles peuvent être aussi envahissantes que les messages des media qui nous attirent et nous poussent à acheter une ligne sans fin de produits ; elles peuvent être aussi séductrices que le bureau du coin avec un titre de vice-président et un salaire d'un ou plusieurs millions. Ces messages sont ceux du monde physique, non de l'Univers. Le plan que l'Univers a conçu pour vous se trouve au niveau de l'âme. Nous recevons des signes sous forme de coïncidences, et une guidance sous forme d'archétypes.

Comment faire, alors, pour savoir quelle est la destinée formulée à votre intention, et quel rêve est simplement le produit de notre culture grand public ? Combien de petites filles rêvent d'être la prochaine Britney Spears ? Combien de petits garçons aspirent à être le prochain Michael Jordan ? Nous essayons d'imiter ces célébrités parce qu'elles jouent leurs propres archétypes, parce qu'elles ont réussi à suivre leur propre quête intérieure. Vous ne pouvez commencer à connaître vos propres archétypes et votre propre destinée qu'en accédant à la volonté de l'âme universelle, en regardant profondément en vous et en définissant vos désirs les plus secrets, en choisissant l'archétype qui correspond le mieux à vos intentions en en suivant son antique modèle.

L'UTILITÉ DES ARCHÉTYPES

Découvrir les archétypes est une expérience absolument personnelle. Personne ne peut vous regarder et vous dire – même en vous connaissant bien : « Oh, toi, tu es tel et tel archétype. » La science védique, l'ancienne tradition de sagesse de l'Inde, affirme qu'à moins d'entrer en contact avec cet embryon de dieu ou de déesse qui incube en vous, à moins de pouvoir laisser cet embryon venir pleinement au monde, votre vie sera toujours ordinaire et mondaine. Mais dès lors que ce dieu ou cette déesse s'exprimeront à travers vous, vous ferez de grandes et merveilleuses choses.

De nos jours, nous avons tendance à chercher les archétypes symboliques dans les célébrités, mais c'est en nous-mêmes que nous devons nourrir et soutenir la pleine expression des archétypes. Ils font partie de ce qui nous a créé. Ils sont la matière dont sont faits nos rêves. Ils sont l'étoffe de la mythologie, des histoires que l'on raconte autour des feux de camp, des légendes. Ils sont ce qui inspire les grands films. Dans *La guerre des étoiles*, Luke Skywalker est l'expression de l'archétype de l'éternel aventurier, prêt à prendre des risques pour explorer l'inconnu. La princesse Leia est comme Artémis, l'indépendante chasseresse, la protectrice. Yoda est le sage prophète, le gardien d'une sagesse puissante connectée à l'intelligence non localisée. Ce sont des personnages de notre imagination collective, d'anciens archétypes sous une forme futuriste.

Les archétypes sont essentiels pour comprendre et définir qui nous sommes, expressions individuelles d'une conscience collective. La mythologie est la source de notre civilisation. L'une des conséquences du fait de priver les gens de mythologie est qu'ils rejoignent les bandes de rue. Pourquoi ? Parce que les bandes ont un chef, elles ont des rituels, des rites d'initiation – elles possèdent des éléments de la mythologie. Nos enfants se joignent aux bandes en quête d'une expérience mythique. Chaque fois que quelqu'un fait une chose remarquable – quand des astronautes marchent sur la Lune, quand un pilote s'envole pour la première traversée de l'Atlantique en solitaire –, il s'agit d'une quête mythique, comme celle de Jason à la recherche de la Toison d'Or, d'Icare s'élançant avec ses ailes de plumes et de cire. Depuis le rapt de Perséphone par Pluton jusqu'à Orphée cherchant sa fiancée parmi les ombres d'Hadès, en passant par Apollon, Krishna et tous les contes de la mythologie celte, ces histoires constituent la source de civilisation et d'identité la plus profonde.

Les gangs, les films, les feuilletons à l'eau de rose et les célébrités sont séduisants précisément parce qu'ils font vibrer cette corde mythique. Mais ce sont des succédanés de second ordre de la mythologie. Les vrais archétypes sont représentés par des gens comme Mahatma Gandhi, Martin Luther King, Rosa Parks et tous ceux qui dépassent la dimension de la vie quotidienne pour atteindre le domaine du miraculeux. Ils sont capables d'accomplir de grandes choses parce qu'ils se sont connectés à la conscience collective, qui leur donne la capacité de voir plusieurs enchaînements d'événements simultanément et de prédire le futur sur la base des choix effectués dans le présent. On raconte que lorsque Mahatma Gandhi fut jeté hors du train à Durban, en Afrique du Sud, il ferma les yeux et vit l'Empire britannique se désagréger sur la moitié du globe. Ce seul épisode changea le cours de l'histoire.

Ces événements créent un changement dans les mécanismes cognitifs et perceptuels. Normalement, ce corps matériel ne nous permet de voir que ce qui se passe ici, directement en face de nous. Mais de temps à autre nous pouvons éveiller des capacités dormantes ainsi que la sagesse permettant d'en faire usage. En sanskrit, on appelle cela *siddhis*, ou pouvoirs supra normaux – perception extrasensorielle, synchronicité, télépathie – qui tous sont des produits du domaine non localisé. Ces pouvoirs sont ceux qui donnent naissance aux mythes.

DÉCOUVRIR VOS ARCHÉTYPES

Découvrir un archétype doit être un processus joyeux. Ne soyez pas inquiet de faire un mauvais choix. Étant donné que les archétypes proviennent de la conscience collective, tous sont présents en chacun de nous. Certains, toutefois, sont plus fortement représentés. Votre objectif est de trouver un, deux ou même trois archétypes qui résonnent le plus en vous, ceux qui représentent votre cœur. Ne choisissez pas celui que vous souhaiteriez être, ni même les qualités que vous admirez le plus, mais recherchez les qualités vers lesquelles vous vous sentez le plus attiré, celles qui vous motivent, qui vous inspirent. Quand vous les rencontrerez, vous les reconnaîtrez. D'ailleurs, il n'y a pas de mauvaise réponse.

Afin de vous aider dans votre recherche, essayez l'exercice suivant, inspiré du travail de mon amie Jean Houston, auteur de *A Mythic Live : Learning to Live Our Greater Story*, et légèrement modifié. Je recommande chaleureusement les ouvrages de Jean Houston, qui proposent de nombreux exercices de ce type. Installez-vous confortablement et détendez votre esprit. L'idéal serait que l'on vous lise les paragraphes suivants tandis que vous gardez les yeux fermés ; si possible, enregistrez-les sur cassette ou sur CD de sorte que vous puissiez ensuite les écouter et imaginer les scènes plus facilement. Les lire avec un esprit clair et ouvert peut également fonctionner.

Commencez par respirer profondément pendant quelques instants. Inspirez et expirez lentement, en relâchant toutes les tensions, raideurs ou résistances que vous portez dans votre corps. Continuez vos respirations lentes, profondes et fluides, permettant à chaque expiration de vous emmener dans un endroit plus profond, plus calme et plus détendu.

Maintenant, imaginez que vous marchez sur un magnifique chemin de campagne bordé d'arbres, loin de l'agitation de la ville. Tout en vous promenant, vous observez la campagne luxuriante, les oiseaux qui volent au-dessus de votre tête, les lapins à queue blanche qui traversent le sentier en gambadant et les papillons qui volettent de ci de là. Vous arrivez à une clairière et vous remarquez une charmante ferme rustique avec un toit de chaume. La porte est ouverte, accueillante. Vous regardez à l'intérieur et vous voyez une petite pièce cloîtrée et confortable et un couloir qui mène à l'arrière de la maison. Vous éprouvez un sentiment de sécurité et de confort dans cette maison, comme si vous rentriez chez vous, et vous suivez le corridor et parvenez à une petite chambre. Vous remarquez une porte d'armoire, vous l'ouvrez. En écartant les habits, vous découvrez une ouverture dans le fond de l'armoire. Vous y pénétrez et vous constatez qu'elle mène à un ancien escalier de pierre en colimaçon, qui descend. La lumière est faible, et vous descendez avec précaution, de plus en plus profondément. Vous atteignez finalement le bas de l'escalier et vous vous retrouvez sur la berge d'une large rivière dans laquelle se reflètent les rayons argentés de la lune. Assis au bord de la rivière, vous écoutez son flot silencieux et vous contemplez l'éternité du ciel nocturne, emplie d'étoiles.

À distance, vous voyez un petit voilier s'approcher de vous. Il glisse doucement sur l'eau et un personnage drapé dans des robes de lin se tient debout dans le bateau ; il vous invite à le rejoindre. En vous sentant en sécurité et protégé, vous montez à bord et l'on vous donne un vêtement ample, décoré d'anciens symboles. Le voilier s'engage dans un étroit tunnel qui semble se prolonger sans fin. Le marin barbu à la poupe commence à psalmodier des mantras inconnus, et après quelques instants vous remarquez que vos sens sont devenus beaucoup plus aiguisés. Vous êtes détendu et cependant étrangement euphorique.

Une lumière apparaît à l'extrémité du tunnel et devient plus intense. Tandis que vous vous approchez de la lumière, vous devenez conscient qu'elle vous invite à pénétrer dans le domaine virtuel. Vous acceptez et vous vous immergez dans la lumière, et vous réalisez soudain que vous n'avez plus de poids. Vous vous mettez à flotter hors du bateau et vous vous sentez fusionner avec cette lumière nourrissante. Vous devenez cette lumière. Vous êtes à présent un être virtuel, une sphère de lumière pulsante. Depuis ce domaine de pure potentialité, vous pouvez émerger dans la réalité quantique et matérielle sous toutes les formes de votre choix, et dans n'importe quel lieu de l'espace-temps.

Vous plongez dans les profondeurs de votre être de lumière et émergez sous forme de la déesse Héra, la Reine de l'Olympe et de tous les dieux de la Grèce, symbole du pouvoir royal et de la beauté. Pleine de confiance et d'autorité, vous avez le monde sous vos ordres. Vos sujets s'en remettent à votre certitude et à votre force. Vous êtes l'expression ultime de la confiance en soi. Sentez ce que c'est que d'avoir la conscience de cette puissante déesse. Ayez conscience des sensations que vous éprouvez en bougeant dans son corps, en faisant ses gestes, en ayant sa parole, les expressions de son visage. Regardez le monde à travers ses yeux. Entendez le monde à travers ses oreilles.

Maintenant, dites au revoir à cette déesse et retournez dans votre forme de lumière virtuelle. Vous êtes à nouveau dans le domaine de pur potentiel, vibrant de possibilités. Descendez dans les profondeurs de votre être de lumière et émergez sous forme de ce vieux roi sage, expert dans l'art de se frayer un chemin à travers les tempêtes de la vie. Vous êtes le sage barbu, le grand *rishi* qui perçoit les formes et les phénomènes du monde comme une danse cosmique. Vous êtes dans ce monde, mais pas du monde, et chacune de vos pensées, de vos paroles et de vos actions exprime l'impeccabilité absolue. Faites l'expérience de ce que vous ressentez en ayant la conscience d'un sage. Votre esprit est celui d'un voyant. Sentez ce que c'est que d'avoir ses pensées, sa parole et ses gestes. Voyez le monde à travers ses yeux.

Maintenant, laissez aller le sage et fondez-vous à nouveau dans votre essence sous forme d'un être virtuel de lumière. Plongez dans vos profondeurs et émergez comme le rédempteur. Vous êtes la lumière de la compassion, irradiant le pardon et l'espoir. Même si les ténèbres semblent funestes, votre seule présence les dissipe. Vous êtes l'essence des avatars, l'essence du Christ, de Bouddha. Votre nature même transforme l'expérience en foi. Observez les pensées qui surgissent dans l'esprit du rédempteur. Ressentez les émotions dans son cœur. Faites l'expérience du monde à travers ses yeux tandis que vous débordez de compassion et d'amour pour tous les êtres sensibles.

Maintenant, laissez aller le rédempteur et retournez à votre essence primordiale. Vous êtes un être de lumière virtuel, une sphère de lumière condensée d'énergie universelle. Vous êtes le plein potentiel de tout ce qui fut, est et sera. Pénétrez dans les profondeurs de cette nature lumineuse et émergez sous forme de la mère divine. Vous êtes la force nourricière essentielle, palpitante d'énergie vivifiante. Vous êtes Déméter, Shakti, la face féminine de Dieu. Vous êtes la mère divine qui accorde son amour bienveillant à tous les êtres sensibles. Vous êtes la force créative primordiale donnant naissance aux formes et aux phénomènes. Faites l'expérience de la conscience de la mère divine. Eprouvez ses sentiments. Voyez la création à travers ses yeux. Entendez-la à travers ses oreilles. Inspirez et expirez le souffle de la mère divine.

À présent, laissez aller la mère divine. Retrouvez votre nature essentielle de pure lumière, l'énergie virtuelle primordiale, débordante de possibilités de manifester tout ce que vous choisissez de devenir. Plongez dans les profondeurs de votre être et émergez sous la forme de Dionysos, le dieu de la sensualité, de l'extase et de l'ivresse, le dieu de l'excès et de l'abandon. Vous êtes la personnification de l'abandon absolu à l'instant présent. Votre nature est de ne rien retenir, de vous immerger dans l'expérience d'être en vie. Vous êtes ivre d'amour. Expérimentez le monde avec la conscience de Dionysos. Ressentez l'ivresse. Percevez le monde à travers les yeux de Dionysos. Entendez la musique de l'Univers comme une célébration de votre être. Abandonnez-vous à l'extase des sens et de l'esprit.

Maintenant, laissez aller Dionysos et fusionnez à nouveau dans votre état d'énergie primordiale, la pure lumière virtuelle. Trouvez l'impulsion de sagesse et d'intelligence au sein de votre infini potentiel et émergez sous la forme de la déesse de sagesse,

Saraswati ou Athéna. Vous êtes la protectrice de la civilisation, car vous avez la garde de la connaissance, de la sagesse, des arts et du savoir scientifique. Vous êtes une véritable guerrière spirituelle, consacrée à la destruction de l'ignorance qui entrave l'expression de la vérité. Faites l'expérience de la conscience d'une déesse de sagesse. Regardez le monde à travers ses yeux ; entendez les sons du monde avec ses oreilles. Vous êtes le summum du raffinement, de l'élégance, de la civilité et de la sagesse.

Et maintenant, quittez la déesse de la sagesse. Retournez à votre état originel de pure lumière virtuelle. Fondez-vous à nouveau dans votre être illimité, non manifesté, vibrant de potentiel. Plongez dans votre essence de lumière essentielle et émergez sous les traits d'Aphrodite, de Vénus, la déesse de l'amour et de la beauté. Vous êtes la personnification de la sensualité, de la passion et de la sexualité. En votre présence, les êtres sensibles perdent la tête et ont soif des transports d'Eros. Exprimez et expérimentez la conscience de la déesse de l'amour. Faites l'expérience du corps de la déesse de la sensualité. Savourez cette sensualité. Voyez le monde à travers les yeux de la déesse de l'amour.

Laissez maintenant la déesse de l'amour et retournez à votre essence de lumière, votre être pur et indifférencié, infinité de possibles. Plongez profondément dans votre essence et émergez sous la forme de l'enfant sain, l'expression du pur potentiel divin. Vous êtes l'incarnation de l'innocence, la personnification de l'attente de l'amour inconditionnel, à la fois dispensateur et réceptacle de cet amour. Vous êtes né de parents divins et votre destinée et votre potentiel cosmique sont pleinement épanouis. Observez le monde à travers les yeux de l'enfant sain. Sentez l'amour qui émane de votre cœur d'innocence. Faites l'expérience du caractère enjoué de cet enfant de lumière, dans la jubilation et l'enchantement de votre propre être.

Laissez aller l'enfant sain. Faites l'expérience de vous-même en tant qu'être virtuel de lumière. Reposez dans votre nature illimitée. Vous êtes une vibrante pulsation d'énergie, capable de créer tout ce que vous désirez. Plongez profondément dans votre essence de lumière et émergez sous la forme de l'alchimiste cosmique. Vous êtes le magicien ultime, capable de transformer rien en quelque chose et quelque chose en rien. Vous savez que le monde des sens est absurde. Vous faites l'expérience du monde matériel comme d'une expression de votre énergie consciente, que vous pouvez transformer en matière au moyen de votre intention et de votre attention. Vous pouvez prendre toutes les formes, vivantes ou inanimées, comme vous le souhaitez, parce que vous êtes la conscience dans toutes ses apparences. Vous êtes Krishna, vous êtes l'infini des possibles. Expérimentez-vous transmuant vos pensées en phénomènes. Voyez l'Univers à travers les yeux de Krishna. Faites l'expérience du Cosmos comme étant votre corps. Vous n'êtes pas dans l'Univers, l'Univers est en vous.

Maintenant, pendant les prochaines cinq minutes, jouez avec votre énergie créatrice en vous manifestant sous toutes les formes de votre choix. Ce peut être l'un des archétypes universels que vous venez de visiter, ou autre chose. Devenez tout être dont vous avez envie de faire l'expérience. Adoptez la conscience d'un grand artiste ou d'un musicien. Appréhendez le monde comme un puissant chef politique. Devenez un aigle ; vivez le monde comme un oiseau en vol. Devenez baleine, et percevez la conscience enjouée d'un être marin. Il n'y a aucune limite aux expressions que vous pouvez revêtir. Jouissez de votre être virtuel, débordant de la connaissance et de l'expérience de votre potentiel infini. Sous cette forme, vous êtes tous les dieux et toutes les déesses, tous les archétypes et les images mythiques dans un seul corps. Pendant les instants qui vont suivre, laissez toutes les représentations, les expressions, les symboles, les mots qui se présentent prendre forme dans votre conscience.

Quand vous sentez que vous avez expérimenté une large palette de possibilités intéressantes, choisissez trois représentations archétypales, symboles, mots ou expressions qui résonnent en vous, qui vous inspirent et vous motivent. Ce peut être des dieux ou des déesses que vous connaissez bien, des images, des animaux, des symboles des éléments, des forces du Cosmos, des paroles, des expressions ou toute autre qualité qui a pour vous un sens, toute chose qui vous apporte une profonde sensation de confort lorsque vous en faites mentalement l'expérience. Vous devez sentir que si ces personnages ou ces qualités pénétraient dans votre monde et s'exprimaient à travers vous, vous seriez capable d'accomplir de grandes et merveilleuses choses. Je recommande toujours aux hommes de choisir au moins un archétype féminin et aux femmes d'adopter au moins un archétype masculin. Nous possédons tous en nous des qualités masculines et féminines, et ignorer un aspect particulier de notre être revient à étouffer cette source de passion personnelle.

Notez ces trois symboles ou archétypes. Commencez ensuite à rassembler des œuvres d'art, des images, des emblèmes ou des bijoux qui vous les rappellent. Certaines personnes créent un petit autel pour leurs archétypes, un lieu où elles concentrent la quête du soi. Si les principales qualités de vos archétypes peuvent être exprimées en mots ou en phrases, écrivez-les sur un bout de papier afin d'avoir quelque chose qui vous les rappelle. Une fois par jour, au moins, de préférence après la méditation, regardez ces rappels et adressez-leur une invite silencieuse : « S'il vous plaît, venez et exprimez-vous à travers moi. » Laissez-les vous remémorer l'inspiration de votre vie. Lorsque vous vous sentez perdu ou distrait dans le monde, ils seront la boussole qui vous ramènera à votre vrai soi.

Au lieu de suivre la dernière tendance de la mode ou d'imiter une vedette de cinéma, modelez-vous, vos pensées, vos actions, sur vos archétypes. Les gens font cela quotidiennement, sans même réaliser ce qu'ils font. Avez-vous jamais entendu quelqu'un demander : « Que ferait Jésus ? » Les chrétiens qui se sentent coincés ou bloqués à un tournant de leur vie ou qui doivent décider d'une manière d'agir sont encouragés à se poser cette question. C'est une façon d'utiliser le puissant archétype du rédempteur, tel qu'il est personnifié par Jésus-Christ, comme guide de vie. Utilisez vos archétypes personnels de la même manière. Demandez-vous : « Suis-je en train d'agir en accord avec mes archétypes ? » Voilà une façon profonde de dire : « Suis-je fidèle à moi-même ? » Vous découvrirez la complétude à travers vos archétypes en permettant aux dieux/déesses/totems/personnages de jouer leur drame à travers vous. Ils sont les clés de votre vraie, de votre miraculeuse destinée.

Deuxième partie

VIVRE à L'ÉCOUTE des COÏNCIDENCES et VOIR SES DÉSIRS se RÉALISER

7

Méditation et mantras

Savoir se mettre à l'écoute

L E MOYEN plus puissant dont nous disposons pour apprendre à vivre la synchrodestinée, à discerner les structures qui relient de l'Univers, à transformer nos désirs en miracles est la méditation. La méditation nous fait placer notre attention et notre intention au niveau de ces plans plus subtils, nous permettant l'accès à toute cette information et cette énergie invisibles et inexploitées.

Si votre médecin vous prescrivait de marcher vingt minutes deux fois par jour en vous disant qu'à elles seules ces promenades rétabliraient votre bonne santé, vous assureraient la paix de l'esprit, l'absence de souci, l'accroissement du succès dans votre vie personnelle et professionnelle, suivriez-vous ses recommandations ? La plupart des gens, tout au moins, essaieraient. La prescription de la synchrodestinée est de méditer pendant quinze à vingt minutes deux fois par jour avant de prendre quelques instants pour inviter vos archétypes (comme décrit au chapitre précédent). Si vous faites cela deux fois par jour, vous commencerez à constater une transformation dans votre vie. À part cela, conduisez-vous comme vous l'avez toujours fait. Méditez le matin, vivez le reste de votre journée, puis méditez à nouveau le soir. Cela suffira à déclencher, progressivement, la transformation de votre vie et la création des miracles que vous désirez.

Tout ce que vous avez lu dans ce livre a été une préparation à la pratique de la méditation, qui vous mènera à l'éveil et vous permettra de vivre la synchrodestinée. Ces données ne sont pas indispensables ; elles sont seulement amusantes. Si tout le monde devait comprendre la physique quantique pour atteindre l'éveil, seuls les physiciens des quanta y parviendraient. Il se trouve que de grands pionniers de la physique quantique ont également fait progresser la cause de la spiritualité en interrogeant la signification profonde de la vie. Parmi ces scientifiques remarquables, citons Wolfgang Pauli qui, avec Carl Gustav Jung, fut le premier à parler de synchronicité ; Erwin Schrödinger, Paul Dirac, Werner Heisenberg, Max Planck, David Böhm, John Wheeler et d'autres qui pressentirent que la physique quantique ne pourrait jamais être comprise à moins d'intégrer la conscience comme composante essentielle de la réalité fondamentale. Mais il n'est pas nécessaire de comprendre la religion, la philosophie ou la science pour accéder à l'esprit. Tout ce dont vous avez besoin est de prêter attention aux instructions qui vont suivre.

La méditation est un processus simple qu'il est difficile de décrire, mais qui est très facile à dérouler dès lors qu'on commence à le pratiquer régulièrement. Je vais présenter ici les bases de la méditation afin que vous puissiez appliquer avec succès les règles de vie de la synchrodestinée décrites dans le reste de ce livre.

COMMENT MÉDITER

Notre esprit est constamment actif, sautant sans cesse d'une pensée à une autre, d'une émotion à une autre. Entrer en contact avec l'intelligence non localisée, l'âme universelle qui réside en nous et qui fait partie de nous tous exige que l'on trouve un chemin pour passer au-delà du brouillard des pensées distrayantes qui habituellement nous la cachent. Lutter pour nous frayer un passage à travers cette barrière ne nous sert pas davantage que nous battre pour mieux sortir d'un véritable brouillard. Si vous voulez voir de l'autre côté de la rue par un jour brumeux, rien que vous puissiez faire physiquement ne vous aidera. Vous devez attendre, patiemment et calmement, que la brume se lève et s'en aille d'elle-même. De temps à autre, une échappée claire apparaîtra et vous pourrez entrevoir ce qu'il y a plus loin. La même chose vaut pour les pensées. Si nous sommes tranquilles, nous rencontrons des instants de pur silence – des « brèches » entre les pensées – et à travers ces brèches nous pouvons entrevoir le niveau plus profond de l'âme. Chaque aperçu accroît notre compréhension, et notre conscience finit par s'élargir.

Le but de la méditation est d'arrêter de penser pendant un moment, d'attendre que le brouillard de la pensée se dissipe et d'apercevoir l'esprit à l'intérieur. Pour la plupart des gens, contrôler le torrent des pensées est très difficile. Les débutants peuvent parfois se sentir très frustrés, mais la frustration n'est rien d'autre qu'une pensée supplémentaire, une autre émotion gênante. L'objectif est de libérer toutes les pensées, tranquillement, passivement.

Une manière habituelle de commencer la méditation consiste à se concentrer sur une chose, sans forcer, de sorte que les pensées vagabondes pénètrent moins facilement l'esprit. J'aime commencer avec une méditation sur la respiration.

Pour méditer, trouvez une position confortable. Prenez place sur un siège confortable, vos deux pieds à plat sur le sol. Posez vos mains sur vos genoux, les deux paumes orientées vers le haut. Fermez les yeux et commencez à observer votre respiration. Remarquez l'entrée et la sortie du souffle, sans essayer de le contrôler d'aucune façon. Il se peut que votre respiration devienne spontanément plus rapide ou plus lente, plus profonde ou plus superficielle, et même s'arrête l'espace d'un instant. Observez les changements, sans résistance ni anticipation. Chaque fois que votre attention s'écarte de votre souffle, attirée par un son dans l'environnement, une sensation dans votre corps ou une pensée dans votre esprit, ramenez doucement votre conscience à la respiration.

C'est une méditation de base. Lorsqu'on se sent à l'aise en restant tranquillement assis à se concentrer sur le souffle, je recommande d'ajouter un mantra qui crée un environnement mental permettant d'élargir la conscience.

LES MANTRAS

Le mot *mantra* comporte deux éléments : *man*, qui est le son racine du mot *esprit*, et *tra*, le son racine du mot *instrument*. Ainsi, *mantra* signifie littéralement « instrument de l'esprit ». L'ancienne tradition de sagesse qu'est le Vedanta a examiné les différents sons produits dans la Nature, les vibrations fondamentales du monde qui nous entoure. Selon le Vedanta, ces sons sont une expression de l'esprit infini, ou cosmique, et fournissent la base de tout langage humain. Si par exemple vous prononcez toutes les lettres de l'alphabet, voyelles et consonnes, vous entendrez des sons identiques à ceux que les bébés produisent spontanément. Ces sons contiennent également les mêmes vibrations que les animaux émettent. Et si vous écoutez attentivement, vous remarquerez que ces sons sont partout dans la Nature. Ce sont ceux du vent, du feu qui crépite, du tonnerre, de la rivière qui court, des vagues de l'océan qui se brisent sur le rivage. La Nature est vibration. L'être infini vibre, et cette vibration est rythmique, musicale et primordiale. La vibration est le moyen par lequel le potentiel infini s'exprime sous la forme de l'Univers manifesté.

Nous savons que l'Univers manifesté – qui semble être composé d'objets solides – est en fait constitué de vibrations, et que les différents objets vibrent à des fréquences différentes. Bien sûr, si je donne un coup de pied à un gros rocher, je ne sentirai pas de vibration, mais de la douleur. Mais le fait est que le pied qui ressent la douleur et le cerveau qui enregistre la douleur sont aussi vibration. La vibration interagit avec la vibration, et nous interprétons cela comme matière et sensation. Le *mantra* n'est qu'un mot qui décrit cette qualité de l'Univers.

On dit que les anciens sages entendaient les vibrations de l'Univers lorsqu'ils étaient en méditation profonde. Nous pouvons tous entendre ces mêmes vibrations, à tout moment. C'est très simple. Si vous calmez votre esprit et si vous vous asseyez en silence, vous entendrez des vibrations. Vous pouvez essayer quand vous voulez. Vous les entendrez même en vous bouchant les oreilles. Votre corps aussi vibre constamment, mais les sons sont si subtils que vous ne les entendez généralement pas. Cependant, si vous vous asseyez en silence, sans bruit autour de vous, vous entendrez dans l'air un bourdonnement de fond. Et si vous prêtez attention à ce bourdonnement, vous finirez, avec de la pratique, par entendre tous les mantras qui ont été consignés dans la littérature védique.

Les Vedas affirment également que si l'on récite un mantra à voix haute, sa structure vibratoire particulière crée ses propres effets et peut générer des événements dans notre domaine physique. Réciter le mantra mentalement crée une vibration mentale, qui devient alors plus abstraite. Elle nous fait ultimement accéder au champ de pure conscience ou esprit duquel cette vibration a émergé. Ainsi, un mantra est un excellent moyen de transcender et de retourner à la source de la pensée, qui est pure conscience. C'est la raison pour laquelle on recommande des mantras spécifiques – du fait des vibrations spécifiques qu'ils induisent.

Le mantra que j'utilise et recommande pour réaliser la synchrodestinée est le simple mantra « so-ham ». C'est le mantra du souffle ; si vous observez votre respiration, vous entendrez « so-ham »[1] tandis que l'air entre dans vos poumons puis en sort. Quand vous inspirez, le son de cette vibration est « so ». Et quand vous expirez, le son devient « ham ». Si vous le souhaitez, faites l'expérience suivante : inspirez profondément, fermez les yeux et la bouche et expirez avec force par le nez. Si vous vous concentrez, vous entendrez clairement le son « ham ».

Une des techniques de méditation consiste en fait à se focaliser simplement sur la source de la respiration. Les yeux fermés, inspirez et évoquez le mot « so » ; sur l'expiration, évoquez le mot « ham ». Le souffle et le son deviendront progressivement de plus en plus calmes, et la respiration deviendra si tranquille et silencieuse qu'elle donnera presque l'impression de s'être arrêtée. En apaisant votre respiration, vous apaisez votre esprit. Lorsque vous transcendez, le mantra « so-ham » disparaît complètement et votre souffle s'interrompt momentanément. Le temps lui-même s'arrête et vous êtes dans la sphère de la conscience pure, le domaine non localisé, l'esprit, le fondement de l'être.

Ainsi, le mantra est un moyen de faire l'expérience de la conscience non localisée. Les Aborigènes, les Indiens, les

---

1. En français, la prononciation du *a* de "so ham" se situe entre le son *â* de "château" et le son *e* de "fleur" (NdT).

Amérindiens et bien d'autres cultures traditionnelles l'ont utilisé pendant des milliers d'années. Dans toutes les traditions,
les mantras associent des psalmodies qui génèrent des vibrations particulières, et des sons de l'Univers qui créent quelque
chose à partir de rien, qui amènent l'énergie de la sphère non
manifestée au monde manifesté.

LES SOUTRAS

Un soutra est un mantra qui a un sens. Le mantra lui-même
n'a pas de signification. Ce n'est qu'une vibration, un son. Il
devient un soutra lorsqu'une intention est codée dans le son.
Le mot *soutra* vient du sanskrit et est apparenté au mot latin
sutre, origine du terme français *suturer* signifiant « joindre
ensemble au moyen d'une couture ». Ainsi, un *soutra* est effectivement une suture de l'âme, et ses points sont ceux de
l'intention. Les mantras, comme les soutras, permettent de
transcender la conscience ordinaire et d'accéder à un état de
conscience plus profond. Vous pouvez donc utiliser le mantra
« so-ham », par exemple, pour transcender votre état ordinaire de conscience. Vous pouvez ensuite utiliser un mot en
tant que tel, un soutra, pour graver une intention particulière
dans votre conscience.

Les messages d'un soutra sont à la fois simples et complexes. Il faudra peut-être un jour entier, ou la moitié d'un
livre, pour expliquer et comprendre la phrase unique du
soutra « *aham brahmasmi* » (« le centre de mon être est la réalité
ultime, la racine et la base de l'Univers, la source de tout ce
qui existe »). Cependant, le soutra contient la totalité de la
compréhension de cette pensée complexe. Ainsi, le soutra, ce
mot unique, résume toute une compréhension. Par le simple
fait d'orienter votre attention sur ce soutra, vous expérimen-
terez et comprendrez toute l'explication qu'il contient.

Certains mantras et soutras ont été utilisés avec succès pendant des milliers d'années, et vous les trouverez dans les chapitres qui suivent. Ils proposent un chemin vers la synchrodestinée. Bien que les mots sanskrits qui expriment ces soutras puissent vous sembler étrangers, cela n'enlève en rien à leur efficacité. Vous n'avez même pas à comprendre les significations des soutras pour qu'ils fonctionnent. Souvenez-vous, ce sont les sons de la Nature, associés à un sens. L'âme comprendra leur sens même si vous ne le faites pas.

Pourquoi employer ces mots antiques pour nos mantras et nos soutras au lieu du langage moderne ? La réponse, c'est qu'il s'agit d'une question de puissance. Utiliser de nouveaux mantras et soutras ne fait que rendre plus difficile l'expérience de la synchronicité. Pour me rendre de mon domicile à mon bureau, il existe de nombreux moyens différents. Je peux prendre l'autoroute. Je peux suivre une carte routière ou une carte d'état-major. Je peux prendre un hélicoptère. Je peux aller jusqu'à la côte et prendre un bateau. Mais si j'emprunte une voie bien tracée, qui m'est familière et que j'ai prise de nombreuses fois, le voyage sera plus facile. De la même façon, les mantras et les soutras qui ont été utilisés pendant des milliers d'années par des millions de personnes, de génération en génération, offrent le chemin le plus aisé vers la transcendance et le domaine non localisé.

Mais il y a une valeur supplémentaire à employer un moyen qui a été utilisé de très nombreuses fois auparavant dans un but particulier. Chaque fois qu'un mantra ou un soutra est prononcé, la probabilité qu'un résultat semblable découle d'un usage ultérieur du même mantra ou soutra augmente. Si vous vous rappelez la discussion concernant l'onde-particule au chapitre 1 de ce livre, vous vous souviendrez que chaque fois qu'une onde-particule se réduit à un modèle d'onde particulier, la probabilité statistique qu'elle se réduise à nouveau au même modèle d'onde dans le futur augmente. Les soutras sont en fait des intentions qui augmentent la probabilité statistique de la réduction d'une fonction d'onde à des amplitudes prévisibles. Cela signifie que plus un soutra est utilisé, plus il y a de probabilités que son intention se réalise. C'est pourquoi il vaut mieux employer un soutra ancien, qui a été bien utilisé, qu'un nouveau soutra. Tâchez de ne pas vous laisser dissuader par l'usage du sanskrit, mais accueillez les mots anciens comme des alliés dans votre quête de la transcendance qui mène à la synchrodestinée.

Les chapitres suivants décrivent les sept règles de vie de la synchrodestinée et proposent des exercices conçus pour vous aider à mieux les comprendre. Ces sept règles de vie sont des moyens de penser aux qualités de l'intelligence non localisée et de les rattacher à votre vie. Chaque règle de vie offre une nouvelle leçon, une nouvelle façon d'établir un rapport avec l'intelligence non localisée, qui vous rapprochera de l'esprit et de ses infinies possibilités.

Voici le programme permettant de réaliser la synchrodestinée, une manière spécifique d'utiliser tous les éléments que j'ai présentés jusqu'ici :

1. Commencez chaque journée en vous rendant dans un endroit tranquille où vous ne serez pas dérangé. Rassemblez des symboles de vos archétypes et disposez-les en face de vous.

2. Méditez durant vingt minutes en utilisant le mantra so-ham. Cela élargit votre conscience et vous met dans un état d'esprit réceptif.

3. Immédiatement après avoir terminé la méditation, lorsque vous ouvrez les yeux, regardez les symboles de vos archétypes et invitez ou invoquez les énergies archétypales afin qu'elles s'expriment à travers vous. « Je demande

que vous deveniez une partie de moi et que vous œuvriez
à travers moi. Guidez-moi dans ma vie. »

4. Lisez la règle de vie de synchrodestinée correspondant
à cette journée. Il y a sept règles de vie de synchrodestinée
et sept jours de la semaine. Le jour où vous commencez,
lisez la première règle de vie. Il n'est pas nécessaire
que vous en compreniez tous les concepts. Simplement,
lisez-la. Le deuxième jour, passez à la seconde règle
de vie. Le troisième jour, à la troisième et ainsi de suite.
Je vous recommande de ne pas en sauter, les chapitres
sont disposés dans un ordre déterminé et ils se construisent
les uns sur les autres. Le huitième jour, revenez
à la première règle de vie et recommencez la série.

Chaque règle de vie est associée à un soutra qui renferme
et résume les enseignements de cette règle de vie. Assurez-
vous de parvenir à une complète compréhension de la signification du soutra. Accomplissez les exercices associés au
soutra jusqu'à ce qu'ils soient devenus partie intégrante de
votre réalité. Après de nombreuses semaines, vous serez à
même de récolter le bienfait de l'ensemble du chapitre par la
seule lecture du soutra. L'idéal serait que vous poursuiviez ce
programme quotidiennement – chaque semaine, chaque mois
vous rapprochant de la réalisation de votre destinée.

Ces quatre premières étapes ne devraient pas prendre plus
de vingt ou trente minutes. Le soir, répétez le processus.

Durant le reste de la journée, vous n'avez rien de particulier
à faire. Vivez votre vie comme d'habitude. La méditation du
matin focalise votre intention pour la journée, même si vous
n'y pensez pas. En lisant la règle de vie, vous créez cette
intention puis vous laissez l'intelligence non localisée synchroniser tous les millions d'événements individuels qui doivent se produire pour que l'intention se réalise. C'est tout ce
que vous avez besoin de faire.

Bien que l'intention travaille toute seule à travers la synchronicité organisée par l'intelligence non localisée, la synchronicité peut être bloquée par l'ego. Comment savoir quand l'ego fait obstacle à vos rêves ? Les indices sont nombreux, mais le plus important est l'anxiété. Chaque fois que votre soi ou que votre esprit est obscurci par votre image ou par votre ego, vous éprouvez de l'anxiété. Votre soi véritable, essentiel, ne ressent ni stress ni anxiété. Ces sentiments sont un signal indiquant que votre connexion intime à l'entité non localisée est bloquée. Pour de nombreuses personnes, cela ne se produit que trop souvent. Le moyen de franchir cet obstacle et de regagner la concentration que vous avez perdue en vous sentant stressé ou anxieux est d'appliquer un processus que j'appelle héliotropisme.

L'héliotropisme est le mécanisme naturel permettant aux plantes de toujours pousser en direction de la lumière. Par extension, je considère que les pensées, les intentions, sont l'équivalent de cette lumière, et que le monde lui-même pousse dans une direction qui répond à ces intentions. Utilisez les affirmations du soutra à la fin de chacun des sept chapitres suivants si vous vous sentez stressé, anxieux, ou si vous perdez votre centre au cours de la journée. Chaque jour, imprégnez-vous de l'affirmation du soutra correspondante (vous trouverez peut-être utile de photocopier ces phrases et de les emmener avec vous afin d'y faire appel quand vous aurez besoin de rétablir votre conscience du soi). Lisez la première affirmation en silence et laissez une image venir à votre conscience. Dès que vous avez enregistré l'image, dites le soutra pour cette journée (comme expliqué dans les exercices). Faites la même chose pour chacune des affirmations de cette journée. À la fin du processus, qui ne prendra qu'une minute environ, vous devriez vous sentir à nouveau centré.

En fin de chaque chapitre, vous trouverez un ou plusieurs exercices conçus pour illustrer les règles de vie et vous guider vers une compréhension plus profonde des soutras. Ils ne font pas partie de la méditation quotidienne et sont présentés en supplément. Essayez de les pratiquer lorsque vous vous sentirez l'envie de faire quelques pas de plus vers la compréhension des règles de vie de la synchrodestinée.

Finalement, c'est vraiment tout ce dont vous avez besoin pour atteindre le lieu de la synchrodestinée – les sept règles de vie, les sept soutras, vos archétypes, la capacité à méditer en utilisant le mantra so-ham et les affirmations des soutras à lire lorsque vous sentez que vous commencez à perdre votre centre. Vous avez entre les mains les outils qui font se produire les miracles.

8

Première règle de vie : faire corps avec le Cosmos

SOUTRA : Aham Brahmasmi *(Ab-HAM brab-MAHS-mi)*[1]

L'essence de mon être est la réalité ultime, la racine et la base de l'Univers, la source de tout ce qui existe.

L A PREMIÈRE règle de vie de la synchrodestinée recon-naît l'intelligence sous-jacente qui donne naissance à mon corps, à votre corps et à l'Univers dans son ensemble – à toute chose, depuis les étoiles et les galaxies jusqu'aux particules subatomiques. Ce champ d'intelligence consciente est la source du Cosmos. Il est le corps élargi que nous partageons tous ; il nous relie tous. L'essence de mon être est également l'essence de votre être, et celle de tous les êtres.

Vous, moi et l'Univers sommes identiques. Je suis l'Univers, localisé en un unique être humain. Vous aussi êtes l'Univers,

---

1. Prononciation: le "ham" dans Aham est le même que dans "so-ham" – entre le son *â* de "château" et le son *e* de "fleur" (NdT).

localisé dans votre corps, lisant ces lignes en cet instant particulier de l'espace-temps. Nous existons tous deux comme
des ondulations particulières dans le champ d'intelligence
consciente. Chaque aspect de nous-mêmes est articulé et
orchestré par cette intelligence non localisée illimitée, l'océan
sans fin de la conscience d'où vous, moi et l'Univers surgis-
sons. Même nos pensées, nos souhaits, nos désirs, nos rêves
ne sont pas, techniquement, *les nôtres*. Ce sont des manifestations de l'Univers tout entier. Et à partir du moment où vous
réalisez que les intentions et les désirs qui s'élèvent en vous
sont les intentions mêmes de l'Univers, vous pouvez renoncer
à votre désir de contrôle et laisser la vie miraculeuse pour
laquelle vous êtes né se déployer dans toute son inimaginable
magnificence.

Dès lors que vous avez compris cette prémisse, vous comprendrez le soutra de la première règle de vie de la synchrodestinée : l'essence de mon être est la réalité ultime, la racine
et la base de l'Univers, la source de tout ce qui existe. Aussi
simple qu'il paraisse, il peut falloir une vie pour en sonder les
profondeurs et sa portée, dans notre vie, est immense. Quand
nous comprenons pleinement ce simple soutra, tout devient
possible parce que tout existe déjà en nous. Vous et moi sommes pareils, et chacun de nous est l'être infini projetant un
point de vue particulier – votre point de vue et mon point de
vue. Mon soi est inséparable de tout ce qui existe, tout
comme votre soi est inséparable de tout ce qui existe.

Le pouvoir contenu dans cette pensée émerge lorsque nous
réalisons que le soi fonctionne de manière synchronique.
Parce que je suis une extension de l'intelligence consciente,
et parce que l'intelligence consciente est la source de toute
réalité, je suis la source de toute réalité. Je crée ma propre
expérience.

L'intention provient de nos désirs les plus profonds, et ces désirs sont modelés par le karma. Vous et moi n'avons pas le même karma, c'est pourquoi nous n'avons pas exactement les mêmes désirs. Nous avons aimé des personnes différentes, nous nous sommes agenouillés sur d'autres tombes, nous avons prié devant d'autres autels. Les particularités du désir sont uniques pour chacun de nous.

Et cependant, si vous suivez la chaîne du désir, nous sommes en définitive tous pareils. Nous voulons être heureux. Nous voulons être comblés. Nous voulons un sens et un but à notre vie. Nous voulons nous sentir connectés à Dieu ou à l'esprit. Nous voulons que les autres nous respectent et nous aiment. Et nous voulons nous sentir en sécurité. Ces désirs sont universels. Mais la route que chacun de nous emprunte pour les satisfaire est unique, basée sur nos expériences et nos souvenirs individuels, sur notre karma. Nous nous dirigeons tous vers la même destination mais nous prenons des chemins différents. Les ayant parcourus, nous arrivons ensemble.

Exercice 1
LE TÉMOIN SILENCIEUX

Installez-vous dans un endroit tranquille où vous ne serez pas dérangé. Mettez une cassette ou un CD de la musique apaisante que vous préférez. Fermez les yeux. Orientez votre attention vers celui qui est réellement en train d'écouter. Commencez à remarquer deux facettes différentes de vous-même. Vos oreilles perçoivent le son et votre cerveau traite les notes, mais cela n'est que le mécanisme de l'ouïe. Qui associe les notes afin qu'elles forment de la musique ? Tandis que vous *pensez* au processus d'écouter, qui est véritablement en train d'écouter ?

Remarquez le témoin silencieux, l'auditeur silencieux qui est toujours présent. Cette présence n'existe pas seulement en vous, mais aussi dans l'espace qui vous entoure. C'est cette partie de vous-même qui est au-delà des pensées et des émotions du moment, la partie qui jamais ne se fatigue ni ne dort et qui ne peut jamais être détruite. Reconnaissez que ce témoin silencieux est toujours présent. Il est cette partie de vous qu'il est possible d'entrevoir lorsque la méditation a fait taire le bavardage de vos pensées. Pouvez-vous sentir en vous ce courant plus profond de la conscience ?

La conscience de ce témoin silencieux représente le début de la conscience du champ d'intelligence consciente – la source de toute synchronicité dans votre vie.

Exercice 2
POURQUOI ÊTES-VOUS ICI ?

Pour cet exercice, vous aurez besoin d'une feuille de papier et d'un stylo, ainsi que de dix minutes non interrompues.

Demandez-vous : « Pourquoi suis-je ici ? » Écrivez la première chose qui vous vient à l'esprit. Cette question peut s'interpréter de nombreuses manières différentes, aussi notez toutes les pensées qu'elle suscite. Ne vous souciez pas de l'écriture en elle-même. Vous n'avez même pas à écrire des phrases complètes.

Puis posez une nouvelle fois la question : « Pourquoi suis-je ici ? » Écrivez une nouvelle réponse. Faites cela vingt fois de suite. Continuez à chercher différentes façons d'interpréter cette question, de sorte que chaque réponse soit unique et traite une autre facette de la question.

Maintenant, relisez vos réponses. Que vous disent-elles ? Y discernez-vous un motif ou une progression ? Que cela vous apprend-il sur votre façon de voir la vie ?

Vous pouvez considérer votre vie comme une série d'événements extérieurs et intérieurs, mais vous pouvez aussi apprendre à voir que ces événements sont reliés les uns aux autres et sont connectés à quelque chose de plus spirituel. En faisant cela, vous commencerez à considérer votre vie comme une occasion de partager le cadeau spécial que vous êtes seul à pouvoir accorder au monde. C'est une réponse à la question de qui vous êtes. Le fait de savoir ainsi clairement dans quel but vous êtes ici vous aidera à focaliser vos intentions.

Affirmations du soutra pour la première règle de vie

Imaginez que l'Univers entier se déploie à l'intérieur de vous.
(Lorsque vous avez une image mentale,
dites « aham brahmasmi ».)

Imaginez que vous êtes connecté à tout ce qui existe.
(aham brahmasmi)

*Imaginez que vous êtes semblable à une perle de cristal. Vous reflétez
la lumière de tous les autres êtres sensibles. Vous reflétez aussi la lumière
de tout l'Univers.*
(aham brahmasmi)

*Imaginez que vous êtes un brin du fil cosmique, connecté à tous
les autres brins.*
(aham brahmasmi)

Imaginez que vous êtes éternel.
(aham brahmasmi)

9

Seconde règle de vie : découvrir, à travers le miroir des relations, son être non localisé

Accueillir son potentiel de lumière et d'ombre

SOUTRA : Tat Tvam Asi *(Taht t'vahm AH-si)*
Je vois l'autre en moi et moi-même en les autres.

L A COMPRÉHENSION du fonctionnement des relations humaines est l'une des principales clés de la synchro-destinée. En Occident, nous avons tendance à nous fier à la psychologie populaire, à attendre qu'elle nous fournisse des stratégies pour bien gérer nos pensées et nos sentiments. Des ouvrages grand public proposent trop souvent de manipuler nos relations pour qu'elles deviennent plus satisfaisantes. Mais créer des relations humaines positives est bien davantage qu'une tactique. Cela implique d'offrir l'environnement humain dans lequel la synchrodestinée puisse avoir lieu. C'est absolument fondamental, de même que la gravité, ou qu'avoir de l'air à respirer, est fondamental.

Le mantra associé à cette règle de vie signifie « Je suis cela ». Cette règle de vie s'ajoute à la première, dans laquelle nous avons appris que nous sommes tous des extensions du champ d'énergie universelle, que nous formons tous une seule entité dotée de différents points de vue. *Je suis cela* implique de regarder toutes les choses, toutes les autres personnes dans le monde, et de réaliser que l'on regarde une autre version de soi-même. Vous et moi sommes pareils. Tout est la même chose. Je suis cela, vous êtes cela, tout ceci est cela. Nous sommes tous des miroirs pour autrui, et nous devons apprendre à nous voir dans le reflet d'autres personnes. C'est ce que l'on appelle le miroir des relations. À travers le miroir des relations, je découvre mon soi non localisé. Pour cette raison, nourrir mes relations est l'activité la plus importante de ma vie. Quand je regarde autour de moi, tout ce que je vois est une expression de moi-même.

Aussi les relations sont-elles un instrument de croissance spirituelle, et le but ultime est de réaliser l'unité de la conscience. Nous faisons tous inévitablement partie de la même conscience universelle, mais les vraies avancées ont lieu lorsque nous commençons à reconnaître cette connexion dans notre vie quotidienne.

Les relations représentent l'un des moyens les plus efficaces d'accéder à la conscience de l'unité, pour la bonne raison que nous sommes continuellement en relation. Pensez au tissu de relations que vous avez à un moment donné – parents, enfants, amis, collègues, relations sentimentales. Toutes sont, au fond, des expériences spirituelles. Quand on est, par exemple, profondément amoureux, on éprouve une sensation d'éternité. Dans un tel moment, l'incertitude ne nous préoccupe pas. On se sent merveilleusement bien mais vulnérable, proche mais exposé. On se transforme, on change, mais sans inquiétude ; on s'émerveille. C'est une expérience spirituelle.

À travers le miroir des relations – de toutes les relations –, nous découvrons des états élargis de conscience. Ceux que nous aimons et ceux qui nous repoussent sont, pareillement, nos miroirs. Vers qui sommes-nous attirés ? Vers des gens qui ont les mêmes traits de caractère que nous, mais plus développés. Nous voulons être en leur compagnie parce qu'à un niveau subconscient, nous sentons que nous pourrions ainsi manifester davantage ces tendances. De même, nous éprouvons de l'aversion pour les gens qui nous renvoient des traits de caractères que nous refusons de voir en nous-mêmes. Ainsi, si quelqu'un vous inspire une forte aversion, vous pouvez être certain que cette personne partage avec vous certains aspects de sa personnalité – aspects que vous n'êtes pas disposé à accepter. Si vous l'étiez, ces qualités ne vous contrarieraient pas.

Lorsque nous reconnaissons que nous pouvons nous voir dans les autres, chaque relation devient un instrument de l'évolution de notre conscience. Et tandis que notre conscience évolue, nous faisons l'expérience d'états élargis de conscience. C'est dans ces états élargis de conscience, lorsque nous atteignons le domaine non localisé, que nous pouvons vivre la synchrodestinée.

La prochaine fois que vous vous sentirez attiré par quelqu'un, demandez-vous ce qui vous attire. Est-ce la beauté, la grâce ou l'élégance, le pouvoir, l'intelligence ? Quoi que ce soit, sachez que cette qualité s'épanouit également en vous. Prêtez attention à ces sensations, et vous deviendrez progressivement plus pleinement vous-même.

Bien sûr, la même chose est vraie pour les gens qui vous rebutent. En devenant plus pleinement votre véritable soi, vous devez comprendre et accepter vos qualités les moins attirantes. La coexistence de valeurs opposées est la nature essentielle de l'Univers. Vous ne pouvez être courageux si vous n'abritez pas en vous un lâche. Vous ne pouvez être généreux sans avoir un côté avare. Vous ne pouvez être vertueux sans avoir la capacité de faire le mal.

Nous passons une grande partie de notre vie à refuser d'admettre cette face sombre que nous avons, et nous finissons par projeter sur d'autres ces noires qualités. N'avez-vous jamais rencontré de gens qui attirent naturellement les « mauvaises » personnes dans leur vie ? Ils ne comprennent généralement pas pourquoi cela se produit, à maintes et maintes reprises, année après année. La vérité n'est pas qu'ils attirent cette obscurité, mais qu'ils ne sont pas disposés à la reconnaître chez eux. Rencontrer quelqu'un que l'on n'aime pas est une opportunité d'embrasser le paradoxe de la coexistence des contraires et de découvrir une nouvelle facette de soi-même. C'est un pas de plus dans le développement du soi spirituel. Les êtres les plus éveillés au monde accueillent de manière égale la totalité de leur potentiel de lumière et d'ombre. Lorsque nous nous trouvons en compagnie de gens qui admettent et reconnaissent leurs qualités négatives, nous ne nous sentons jamais jugés. Ce n'est que chez ceux qui voient le bien et le mal, le juste et le faux comme des qualités extérieures à eux que le jugement intervient.

Quand nous sommes prêts à accepter aussi bien nos côtés sombres que nos côtés lumineux, nous pouvons commencer à guérir nos relations et nous-mêmes. Commencez très simplement, avec les personnes les plus déplaisantes que vous puissiez évoquer. Pensez, par exemple, à Adolphe Hitler et demandez-vous : « En quoi pourrais-je ressembler à Adolphe Hitler ? » La plupart des gens refusent d'envisager qu'ils contiennent ne serait-ce que la plus infime parcelle d'un Adolphe Hitler. Mais approfondissez cette réflexion. Ne vous est-il jamais arrivé d'émettre des préjugés à l'encontre d'un groupe de personnes, simplement à cause de leur nom, de la couleur de leur peau, de leur accent ou d'une incapacité quelconque ? Si vous pouvez trouver un exemple d'un tel comportement dans votre vie, vous devez alors accueillir la similitude entre Adolphe Hitler et vous-même. Nous sommes tous multidimensionnels, omnidimensionnels. Tout ce qui existe quelque part dans le monde existe aussi en nous. Lorsque nous embrassons ces différents aspects de nous-mêmes, nous reconnaissons notre connexion à la conscience universelle et étendons notre conscience personnelle.

Une merveilleuse histoire soufi illustre comment ce miroir agit sur notre vie. Un homme qui venait d'arriver dans un village se rendit chez le maître soufi, le vieux sage de la région. « Je dois décider s'il convient que je m'installe ici ou non. Je me demande quel est le style du quartier. Pouvez-vous me parler des gens qui vivent ici ? » demanda le visiteur. « Dites-moi, comment étaient les gens là où vous habitiez ? », s'enquit à son tour le maître soufi. Le visiteur répondit : « Oh, c'étaient des bandits de grand chemin, des escrocs et des menteurs. » « Vous savez, les gens qui vivent ici sont exactement du même style », dit le vieux maître. Le visiteur quitta les lieux et ne revint jamais. Une demi-heure plus tard, un autre homme arriva dans le village. Il alla voir le maître soufi et lui dit : « J'ai le projet de venir m'installer ici. Pouvez-vous me dire comment sont les habitants de ce village ? » Le maître soufi lui demanda : « Dites-moi, comment étaient les gens à l'endroit où vous habitiez ? » « Oh, dit le visiteur, c'étaient les meilleures personnes au monde, les gens les plus aimables, les plus doux, les plus compatissants et les plus affectueux. Ils me manqueront terriblement. » « C'est exactement le même genre de personnes que vous trouverez ici », dit le maître soufi.

Cette histoire nous rappelle que les traits de caractère que nous discernons le plus facilement chez les autres existent chez nous de manière très marquée. Quand nous pouvons voir dans le miroir de la relation, nous pouvons commencer à appréhender notre intégralité. Pour cela, nous devons nous sentir à l'aise avec notre ambiguïté, accueillir tous les aspects de nous-mêmes. Nous devons découvrir, à un niveau profond, que nous ne sommes pas imparfaits parce que nous avons des traits de caractère négatifs. Personne n'a uniquement des côtés positifs. Reconnaître que nous avons des aspects négatifs signifie simplement que nous sommes complets. Et dans cette complétude, nous avons davantage accès à notre soi universel, non localisé.

Exercice 3
EMBRASSER LA DUALITÉ

Pour cet exercice, vous aurez besoin d'une feuille de papier et d'un stylo.

Pensez à une personne spécifique à qui vous trouvez beaucoup d'attraits. Sur la partie gauche de la feuille, notez dix qualités désirables, ou plus, que cette personne possède. Écrivez tout ce qui vous vient à l'esprit. Écrivez vite. Le secret est de ne pas permettre à votre esprit conscient de réviser vos pensées. Pourquoi aimez-vous cette personne ? Pourquoi la trouvez-vous attirante ? Qu'admirez-vous le plus chez elle ? Cette personne est-elle gentille, affectueuse, souple, indépendante ? Admirez-vous le fait qu'elle conduise une belle voiture, ait une coupe de cheveux qui l'avantage ou vive dans une belle maison ? Nul autre que vous ne verra cette liste, alors soyez parfaitement honnête. Si vous n'arrivez pas à trouver dix caractéristiques, dites à voix haute : « J'aime cette personne parce que _____ », et remplissez le blanc. Vous pouvez lister autant de qualités que vous le souhaitez, mais ne vous arrêtez pas avant d'en avoir noté dix.

Maintenant, changez de sujet et amenez à votre conscience quelqu'un qui vous inspire de l'aversion, quelqu'un qui vous irrite, vous ennuie, vous exaspère ou qui, d'une manière ou d'une autre, vous fait éprouver de l'inconfort. Commencez à définir ces qualités spécifiques que vous trouvez déplaisantes. Sur la partie droite de la feuille, notez dix de ces qualités indésirables, ou davantage. Pourquoi n'aimez-vous pas cette personne ? Pourquoi êtes-vous exaspéré ou ennuyé par elle ?

Écrivez autant de qualités que vous voulez, mais ne vous arrêtez pas avant d'en avoir noté dix.

Quand les deux listes sont terminées, pensez à nouveau à la personne que vous trouvez attirante et identifiez en elle au moins trois traits de caractère qui ne le sont pas. Ne vous y opposez pas – personne n'est parfait (plus vous pouvez accepter cela chez d'autres, plus volontiers vous l'accepterez pour vous-même). Notez-les. Pensez ensuite à la personne que vous trouvez antipathique et identifiez en elle trois traits de caractère qui sont relativement attachants. Notez-les.

Votre feuille devrait maintenant comporter une liste d'au moins vingt-six qualités. Parcourez-la et entourez toutes les qualités que vous pouvez vous attribuer. Si par exemple vous avez noté *compatissant* à propos de la personne sympathique, demandez-vous s'il vous arrive d'être compatissant. Le cas échéant, entourez ce mot. Sinon, ne l'entourez pas. Ne réfléchissez pas trop – suivez simplement votre impression première. Examinez chaque mot des deux listes et entourez tous ceux qui décrivent une qualité que vous pouvez identifier dans votre propre caractère.

Regardez la liste encore une fois. Parmi tous les mots que vous n'avez pas entourés, identifiez ceux qui ne s'appliquent absolument pas à vous, des mots qui, définitivement, ne vous décrivent pas. Mettez une marque à côté de ces mots.

Pour terminer, revenez à la liste et, parmi les mots que vous avez *entourés*, identifiez les trois qui vous décrivent avec le plus d'acuité.

Retournez la feuille et écrivez ces trois mots. Puis, sur la liste, repérez les mots que vous avez *marqués* et identifiez parmi eux les trois qui vous concernent le moins – ceux qui, en aucune façon, ne pourraient s'appliquer à vous.

Écrivez ces trois mots au dos de la feuille, en dessous de ceux qui vous décrivent le mieux.

Lisez ces six mots – les trois qui vous décrivent le mieux et les trois qui ne vous concernent pas – à haute voix. *Vous êtes toutes ces qualités et ces traits de caractère.* Les qualités que vous niez avec le plus de véhémence en vous-même font aussi partie de vous et sont probablement celles qui créent le plus de turbulence dans votre vie.

Vous attirerez des gens avec toutes ces six qualités – les qualités extrêmement positives parce que vous sentez peut-être que vous ne les méritez pas, et les qualités extrêmement négatives parce que vous refusez de reconnaître leur présence dans votre vie.

Une fois que vous pouvez vous voir dans les autres, il deviendra beaucoup plus facile de vous relier à eux et, à travers cette connexion, de découvrir la conscience de l'unité. La porte de la synchrodestinée s'ouvrira.

Tel est le pouvoir du miroir des relations.

Exercice 4
NAMASTÉ

Le terme sanskrit *namasté* (prononcez nah-mah-STÉ) signifie « L'esprit en moi honore l'esprit en toi ». Chaque fois que vous avez un premier contact oculaire avec une autre personne, dites « Namasté » en vous-même. C'est une façon de reconnaître que l'être qui est là est le même que l'être qui est ici.

Lorsque vous faites cela, tout ce qui vous concerne – votre langage corporel, votre expression et le ton de votre voix – sera reconnu par l'autre personne à un niveau profond.

Même si elle est silencieuse, la personne enregistrera, consciemment ou inconsciemment, le respect implicite à cette salutation.

Pratiquez cet exercice pendant quelques jours, et observez si vous remarquez une différence dans vos interactions avec autrui.

Affirmations du soutra pour la seconde règle de vie

Imaginez que votre esprit n'est pas seulement en vous mais en tous les autres êtres et en tout ce qui est.
(tat tvam asi)

Imaginez que chaque personne est un reflet de vous-même.
(tat tvam asi)

Imaginez que lorsque vous regardez l'Univers, vous regardez dans votre miroir.
(tat tvam asi)

Imaginez que vous voyez ce que les autres voient.
(tat tvam asi)

Imaginez que vous pouvez ressentir ce que les autres ressentent.
(tat tvam asi)

Imaginez que vous êtes les qualités que vous admirez le plus chez les autres.
(tat tvam asi)

Imaginez que les autres reflètent les qualités que vous aimez chez vous.
(tat tvam asi)

Imaginez que vous êtes une personne dans une salle couverte de miroirs, où vous pouvez vous voir sur des kilomètres et où tout ce que vous voyez est un reflet de vous-même, mais sous une apparence différente.
(tat tvam asi)

10

Troisième règle de vie : maîtriser son dialogue interne

Transformer la réalité pour créer l'abondance

SOUTRA : Sat Chit Ananda (*saht chit ah-NAN-dah*)

Mon dialogue interne reflète le feu de mon âme.

L A TROISIÈME règle de vie décrit comment notre esprit crée notre réalité – et comment, en maîtrisant notre dialogue interne, nous pouvons littéralement transformer la réalité pour créer l'abondance.

Le mantra – *sat chit ananda* – nous apprend que notre âme est ce lieu qui, spontanément, est amour, connaissance infuse et félicité. *Sat* signifie vérité, absence de limitation. *Chit* signifie connaissance totale, savoir spontané ou pure conscience. *Ananda* signifie félicité, bonheur absolu, satisfaction et complétude totales. Voici donc ce que cette phrase signifie réellement : « Mon âme est dépourvue de limitations. Mon âme est connaissance spontanée. Mon âme demeure dans une totale complétude. »

Le dialogue interne est l'une de nos caractéristiques les plus fondamentales. Lorsque nous rencontrons de nouvelles personnes, nous avons l'habitude de regarder leur habillement, le genre de voiture qu'elles conduisent, la montre qu'elles portent. Sur la base de ces signes extérieurs, nous nous faisons une impression de l'individu. Mais ce jugement facile n'est rien d'autre que le résultat d'une conversation que l'ego tient avec lui-même. Cette petite voix dans votre tête est constamment en train d'affirmer ceci et d'évaluer cela. Ce dialogue interne a une fonction importante : en faisant des jugements, il contribue à notre survie. Cette personne peut être dangereuse. Ce fruit peut être bon à manger. Ce n'est peut-être pas le moment adéquat pour demander une augmentation à mon patron. Toute utile qu'elle soit, cette petite voix tend à vous faire croire qu'elle et vous êtes une seule et même personne, que ses objectifs sont les vôtres. Mais, comme nous l'avons vu, il est en vous un autre lieu, celui où demeure le témoin silencieux. C'est le lieu où vous vous connectez à l'esprit, où l'esprit localisé fait place à l'esprit non localisé. La méditation vous permet d'y accéder.

DIALOGUE INTERNE
ET POUVOIR PERSONNEL

Être synchronisé avec le champ d'intelligence génère un équilibre physique, émotionnel et spirituel. Cela vous donne la force et la souplesse qui vous permettent de faire face, sans effort, à n'importe quel défi. Vous devenez capable de transformer la difficulté de telle façon qu'elle vous nourrisse, et tirez une plus grande force à l'affronter.

Notre dialogue interne nous donne ce genre de pouvoir intelligent car il est, en fait, le dialogue interne du champ d'intelligence consciente. Lorsque nous sommes en harmonie avec la conscience universelle, lorsque nous sommes synchronisés dans le champ d'intelligence non localisée, nous acquérons le pouvoir qui émane de cette force illimitée.

Ce pouvoir vient de l'intérieur, et lorsque vous le détenez, rien n'est au-delà de votre portée.

Il y a deux sortes de pouvoirs émanant du soi. Le premier est le pouvoir d'action – le pouvoir qui découle du fait d'être connu, d'avoir beaucoup d'argent ou un titre qui impressionne. Le pouvoir d'action peut être formidable, mais il finit par se tarir. Le véritable pouvoir vient de l'intérieur et son fondement est plus spirituel que matériel. Il est permanent et ne meurt pas avec le corps. Dans le pouvoir d'action, l'identité et la puissance proviennent de quelque référence externe – un objet, une situation, un statut, un symbole, des relations, l'argent. Dans le pouvoir personnel, l'identité prend sa source dans l'attention au soi véritable, et le pouvoir dans la référence interne de l'esprit.

Quand vous travaillez à partir de cette référence interne, votre conscience de soi est claire et non affectée par des facteurs externes. C'est la source du pouvoir personnel. Lorsque des facteurs extérieurs ne parviennent pas à influencer votre conscience de soi, vous devenez insensible à la critique ou à la louange. Vous comprenez aussi que nous nous valons tous, parce que nous sommes tous connectés au même flux d'intelligence consciente. Cela signifie que vous comprenez que, tandis que vous avancez dans votre vie, vous n'êtes inférieur ni supérieur à personne. Vous n'avez pas à supplier ou à plaider pour convaincre qui que ce soit de quoi que ce soit, parce que vous n'avez pas besoin de vous convaincre vous-même.

Aussi merveilleux qu'il paraisse, très peu d'entre nous accèdent vraiment à un état de référence interne. Bien trop souvent, nous polluons le message en laissant notre ego intervenir. Nos pensées, influencées par les facteurs extérieurs

– soucis d'argent, stress professionnel, tensions relationnelles – finissent par faire obstacle à notre développement spirituel et nous nous retrouvons avançant dans la direction opposée à celle où nous voulions aller.

Les deux meilleures façons de surmonter cette tendance est de méditer et de pratiquer consciemment le dialogue interne positif. Le dialogue interne positif nous aide à nous engager dans la bonne direction, stimule la synchronicité et favorise le développement spirituel. Avec un dialogue interne positif, nous pouvons créer du pouvoir personnel.

Supposez par exemple que vous êtes insatisfait de votre travail et que vous souhaitez en trouver un autre. Vous commencez à regarder les journaux et à parler avec vos amis qui connaissent votre carrière, mais rien ne se présente. Il se peut que vous deveniez frustré et que votre dialogue interne arrive à la conclusion suivante : « Il n'y a rien pour moi, là-bas dehors ». Observez comment cette réaction contraste avec un exemple d'une autre région du monde. Supposez qu'un chasseur de la forêt amazonienne ait des difficultés à trouver du gibier. S'il se rend chez un chaman pour traiter la situation, ni le chasseur, ni le chaman ne chercheront la solution au problème ailleurs qu'à l'intérieur du chasseur lui-même. Il ne leur arriverait jamais de dire quelque chose comme « il n'y a pas de gibier, là-bas dehors », parce qu'ils savent qu'il y en a. Le problème est que quelque chose à l'intérieur du chasseur l'empêche de trouver le gibier. Peut-être y a-t-il même quelque chose dans le chasseur qui éloigne le gibier. Le chaman demande donc au chasseur de participer à un rituel conçu pour changer ce qu'il porte dans son cœur et dans son esprit, parce que ce sont le cœur et l'esprit qui contrôlent la réalité externe.

Quand nous nous trouvons en train de regarder le monde en disant : « Il n'y a rien pour moi, là-bas dehors », nous devrions probablement regarder aussi dans notre cœur et demander : « S'il n'y a rien là dehors, y a-t-il quelque chose ici ? » Nous devons examiner notre dialogue interne afin de découvrir à quel endroit nous pourrions bloquer le flux d'énergie consciente, puis mettre l'ego de côté, dégager le passage et laisser le feu de l'âme briller à travers nous.

Les sages védiques disent que le feu de l'âme se reflète dans le scintillement de vos yeux. Il s'exprime spontanément dans votre langage corporel et dans vos mouvements. Tout ce que vous pensez, sentez, dites et faites reflétera le même feu. À quoi ressemble-t-il ? Il n'y a pas de règles absolues, mais l'esprit se reflète dans un discours et un comportement impeccable, qui évite tout ce qui pourrait être considéré comme blessant. L'esprit se manifeste dans la confiance, le bonheur, la bonne humeur, l'absence de peur, la bonté et la prévenance. La qualité de votre dialogue interne est instantanément évident pour les autres personnes, bien qu'il puisse ne pas être reconnu pour ce qu'il est. Quand vous pratiquez le dialogue interne positif, les gens sont enclins à vouloir se lier avec vous, vous aider, être proche de vous. Ils veulent prendre part à l'amour, à la connaissance et à la félicité qui brillent dans vos yeux et se reflètent dans chacun de vos actes. C'est le vrai pouvoir intérieur.

Exercice 5
LE FEU DANS VOS YEUX

Le feu de votre âme se reflète dans vos yeux. Chaque fois que vous vous regardez dans un miroir, même pour une seconde ou deux, établissez un contact oculaire avec votre image et répétez silencieusement les trois principes qui sont le fondement de la référence interne. Tout d'abord, dites-vous : « Je suis totalement indépendant des bonnes ou mauvaises opinions d'autrui. » Deuxièmement : « Je ne suis inférieur à personne. » Troisièmement : « Je suis intrépide face à tous les défis. » Dans le miroir, regardez-vous dans les yeux et voyez ces attitudes que votre reflet vous renvoie. Dans vos yeux seulement, et non dans l'expression de votre visage. Cherchez à voir l'éclat de votre regard afin de vous rappeler le feu de votre âme.

Affirmations du soutra pour la troisième règle de vie

Imaginez que vous êtes centré et totalement en paix.
(sat chit ananda)

Imaginez que vous portez sur le monde un regard plein de pénétration et de paix.
(sat chit ananda)

Imaginez que tous les êtres sont vos égaux.
(sat chit ananda)

Imaginez que ni la flatterie ni la critique ne vous atteignent.
(sat chit ananda)

Imaginez que vous êtes focalisé sur le voyage, non sur la destination.
(sat chit ananda)

Imaginez qu'en votre présence, une paix profonde triomphe de toute hostilité.
(sat chit ananda)

Imaginez que vous êtes détaché du résultat.
(sat chit ananda)

Imaginez qu'existe en vous un profond océan de calme qu'aucune agitation ne peut affecter.
(sat chit ananda)

Imaginez que l'amour émane de vous comme la lumière d'un feu de joie.
(sat chit ananda)

Imaginez que vous êtes amoureux de toute chose et de tout le monde.
Imaginez que vous êtes ivre d'amour.
(sat chit ananda)

Imaginez que la réponse juste vient à vous spontanément chaque fois
que vous faites face à un problème.
(sat chit ananda)

Imaginez que vous savez exactement que faire dans toute situation.
(sat chit ananda)

11

Quatrième règle de vie : clarifier ses intentions pour les confier à l'Univers

Harmoniser intention personnelle et intention universelle

SOUTRA : San Kalpa (*sahn KAL-pah*)

Mes intentions ont un pouvoir d'organisation infini.

NOS INTENTIONS sont une manifestation de la totalité de l'Univers parce que nous faisons partie de l'Univers. Et nos intentions portent en elles les mécanismes de leur réalisation. La clarté de l'intention est la seule chose dont nous ayons vraiment besoin. Ensuite, si nous pouvons mettre l'ego de côté, les intentions se satisfont d'elles-mêmes. Nos intentions attirent les éléments et les forces, les événements, les situations, les circonstances et les relations nécessaires à la réalisation de l'objectif souhaité. Nous n'avons pas besoin de nous impliquer dans les détails — en fait, essayer trop intensément peut tout faire échouer. Laissez l'intelligence non localisée synchroniser les actions de l'Univers et satisfaire vos intentions pour vous. L'intention est une force naturelle, comme la gravité, mais plus puissante. Personne n'a besoin de se concentrer sur la gravité pour qu'elle fonctionne. Personne ne peut dire : « Je ne crois pas à la gravité », parce que c'est une force à l'œuvre dans le monde, que nous la comprenions ou non. L'intention fonctionne de la même façon.

En guise d'exemple simple, pensez à un moment où vous essayiez de vous rappeler quelque chose de banal, le nom de quelqu'un ou le titre d'un livre. Vous l'aviez sur le bout de la langue mais vous n'arriviez pas à vous en souvenir. Dès l'instant où vous essayez de vous le remémorer, vous introduisez l'intention. Cependant, plus vous essayez, plus l'information semble glisser hors de portée de votre mémoire consciente. Mais si, finalement, vous mettez votre ego de côté et lâchez prise sur la nécessité de vous souvenir, votre intention passe dans le domaine virtuel, lequel possède un infini pouvoir d'organisation. Alors même que vous poursuivez d'autres pensées, le domaine virtuel continue à chercher l'information sans votre participation consciente. Plus tard – vous pouviez être en train de vous endormir ou de regarder un film –, le nom que vous essayiez de vous rappeler avec tant d'insistance fait tout simplement irruption dans votre conscience. Cet exemple très ordinaire illustre comment l'intention fonctionne. Générer l'intention et laisser l'Univers prendre la relève est tout ce que nous avons à faire.

La seule préparation ou participation nécessaire pour déclencher le pouvoir de l'intention est une connexion au champ d'intelligence consciente, qui peut être accomplie de nombreuses façons – la méditation étant l'une des meilleures. Lorsqu'une personne atteint un certain niveau de conscience, tout ce dont elle a l'intention commence à se produire. Certaines personnes sont à tel point reliées au champ d'intelligence consciente que chacune de leurs intentions se manifeste – la totalité de l'ordre de l'Univers s'orchestre autour d'elles. Bien sûr, il n'est pas tout à fait juste de dire que chacune de leurs intentions personnelles se réalise ; en vérité, les gens qui sont connectés au champ d'intelligence consciente adoptent les intentions de l'Univers. Leurs intentions sont exaucées, mais seulement parce que l'esprit cosmique utilise leurs intentions pour satisfaire ses propres désirs.

Nous devons rechercher des occasions d'exercer les intentions, car en général notre société ne les offre pas. Si vous êtes comme la plupart des gens, vous ne rencontrerez pas beaucoup d'opportunités de vous retirer au sommet d'une montagne afin de vous concentrer sur le développement de votre esprit. Il est plus probable que vous trouviez un moment de libre alors que vous êtes coincé dans un embouteillage ou que vous attendez un appel téléphonique important dans votre bureau. Ce sont là des occasions plus vraisemblables de pratiquer la conscience atemporelle et l'intention basée sur l'esprit.

L'intention n'est ni une simple lubie, ni un caprice. Elle exige de l'attention et, également, du détachement. Une fois que vous avez consciemment généré l'intention, vous devez être capable de vous détacher du résultat et laisser l'Univers prendre en charge les détails de sa réalisation. Si vous ne le faites pas, l'ego s'implique et entrave alors le processus. Vous éprouvez de la frustration si votre intention ne se réalise pas assez vite. Il se peut que le sentiment que vous avez de votre propre importance soit menacé, ou que vous vous apitoyiez sur votre sort. L'intention, de par sa nature, orchestre sa propre réalisation. La seule chose qui puisse interférer est la domination des besoins de notre ego et des préoccupations totalement égoïstes.

Bien sûr, le meilleur moyen pour que toutes vos intentions se réalisent est de les aligner sur l'intention cosmique, de créer une harmonie entre ce que vous souhaitez et ce que l'Univers vous destine. Dès lors que cette congruence est générée, vous constaterez que la synchronicité occupe un rôle plus important dans votre vie. La meilleure façon de créer cette harmonie est de cultiver une attitude de simple gratitude. Manifestez votre gratitude pour tout ce qui survient dans votre vie. Rendez grâce pour la place que vous occupez dans le Cosmos et pour l'occasion qui vous est donnée de poursuivre la destinée que nous partageons tous. Créer l'harmonie implique, en partie, d'abandonner les griefs de tous ordres. Griefs et sentiments d'injustice viennent de l'ego. Les animaux n'ont aucun problème de rancune ou de grief. Ce n'est que chez nous autres êtres humains que l'intention se trouve si souvent encombrée de toutes sortes de bagages émotionnels. Afin de générer une intention pure, vous devez laisser aller tout cela.

Exercice 6

FOCALISER L'INTENTION

Le meilleur moyen de se focaliser sur les intentions est de les noter. Bien que cette première étape puisse paraître d'une évidence absolue, bien des gens n'en tiennent pas compte. Par conséquent, leurs intentions demeurent souvent floues et, de ce fait, ne se réalisent pas.

Installez-vous dans un lieu tranquille où vous ne risquez pas d'être dérangé. Écrivez ce que vous voulez à tous les différents niveaux de désir : désirs matériels, désirs de gratification de l'ego, désirs relationnels, désirs liés à l'estime de soi et désirs spirituels. Soyez aussi spécifique que possible.

Demandez-vous ce que vous souhaitez au niveau matériel, en termes d'abondance et de richesse. Voulez-vous être le propriétaire d'une maison avec quatre chambres à coucher ?

Notez-le. Voulez-vous avoir les moyens d'envoyer vos enfants à l'université ? Notez-le. Pensez aussi à vos désirs d'éprouver des plaisirs sensoriels – plaisirs de l'ouïe, du toucher, de la vue, du goût, de l'odorat et plaisirs sensuels –, tout ce qui est agréable aux sens. Notez-les.

Demandez-vous ce que vous voulez en termes relationnels. Écrivez vos désirs concernant toutes vos relations – partenaires amoureux, enfants, pairs, parents, amis et relations professionnelles.

Écrivez ce que vous voulez en termes de réalisations ou de reconnaissance personnelles. Notez ce que vous voulez à un niveau plus universel – en quoi pouvez-vous être utile ? Que voulez-vous faire de votre vie par rapport à votre société, votre pays, votre civilisation ? À quoi voulez-vous contribuer ? Écrivez ce que vous désirez en ce qui concerne la découverte de votre conscience de soi la plus élevée. Qui voulez-vous être ? Que souhaitez-vous ajouter à votre vie, sur le plan spirituel ? Écrivez tout ce que vous désirez sur une seule feuille de papier. Ajoutez ou retranchez des éléments de cette liste en fonction des modifications de vos désirs ou de leur réalisation.

Méditez sur ce que serait la vie si tous ces désirs devaient se réaliser. Voyez si vous pouvez créer des visions intérieures de satisfaction authentique sur les plans matériel et spirituel. Ne vous préoccupez pas de l'ordre dans lequel ces visions apparaissent, ni si elles semblent réalistes ou pas. Voyez-les simplement se manifester et ressentez-les avec vos cinq sens. L'objectif est d'avoir une intention qui soit congruente à tous ces quatre niveaux d'aspiration. Lorsque ce genre d'adéquation est en jeu, le dialogue interne devient très puissant et très clair et il vous aide à réaliser l'unité de la conscience.

Les intentions ne nécessitent pas une attention constante, mais elles ont besoin de rester focalisées. C'est une habitude que vous développerez avec le temps. Regardez votre liste une ou deux fois au cours de la journée. Lisez-la juste avant de méditer. Lorsque vous entrez en méditation, vous faites taire le moi. L'ego disparaît. De ce fait, vous vous détachez des résultats et des aboutissements, vous ne vous impliquez pas dans les détails et vous laissez l'infini pouvoir d'organisation de l'intelligence plus profonde orchestrer et réaliser pour vous tous les détails de vos intentions. La clé est de quitter le niveau de l'ego, le niveau du moi et de l'estime de soi, et de laisser l'intelligence non localisée orchestrer la réalisation de vos désirs au moyen de la synchronicité.

Au début, vous pouvez être aussi égoïste que vous le souhaitez. Au début, vos intentions peuvent toutes concerner le « moi » et les petits détails que vous voulez voir se produire dans votre vie. Mais vous finirez par réaliser que l'objectif est la plénitude à tous les niveaux, et pas seulement au niveau personnel ou de l'ego. Dès que vous commencerez à constater que vos intentions se réalisent, vous serez moins focalisé sur la satisfaction de vos intérêts personnels parce que vous saurez que vous pouvez tout obtenir. Quand vous avez suffisamment de nourriture à manger, vous n'êtes pas continuellement obsédé par le fait de manger. C'est la même chose avec les intentions. Lorsque vous savez que leur réalisation est possible, vous pensez moins à vos besoins personnels et davantage à ceux du reste du monde. C'est un processus qui fonctionne par étapes. Soyez patient, mais guettez le début de la manifestation des miracles.

Exercice 7
LE SOUTRA DU CŒUR

Voici un exercice de méditation qui démontre le pouvoir de l'intention. C'est toutefois bien plus qu'une simple démonstration. Pratiquez ce rituel régulièrement afin qu'il focalise votre attention et votre intention.

Installez-vous dans un endroit tranquille où vous ne serez pas dérangé pendant quinze minutes. Fermez les yeux, pratiquez le mantra du son primordial – so-ham – durant cinq minutes en posant votre conscience sur votre respiration.

Après cinq minutes, dirigez votre conscience mentale sur la zone de votre cœur, au milieu de votre poitrine. Votre attention étant focalisée au niveau du cœur, peut-être le sentirez vous battre plus fort. Cela est normal. Tandis que vous ressentez les battements de votre cœur, commencez également à éprouver de la gratitude. Pour ce faire, pensez à toutes les choses, tous les événements et toutes les relations au sujet desquels, dans votre vie, vous avez une raison d'être reconnaissant. Permettez à ces images d'émerger dans votre conscience tandis que vous maintenez votre attention sur votre cœur. Prenez un moment pour penser à toutes les personnes que vous aimez et à tous ceux qui partagent leur amour avec vous.

Ensuite, dites intérieurement : « *Chaque décision que je prends est un choix entre un grief et un miracle. Je laisse aller les griefs et je choisis les miracles.* » Certains ressentiments et griefs, ainsi que les personnes qui leur sont associées, peuvent faire surface dans votre conscience. Si tel est le cas, dites simplement : « *Je laisse aller les griefs. Je choisis les miracles.* » Puis ramenez votre conscience sur votre cœur et commencez à respirer consciemment dans votre cœur. Tout en inspirant, dites intérieurement : « Amour… connaissance… félicité… amour », et expirez de la même manière. Entre chaque inspiration et chaque expiration, faites une pause de quelques secondes. Pratiquez cela pendant trois ou quatre minutes.

Grâce à la méditation du soutra du cœur, le feu de votre âme – qui est amour, connaissance et félicité – commencera à se diffuser par l'intermédiaire du cœur. C'est là où la troisième règle de vie de la synchrodestinée rencontre la quatrième : le feu de votre âme commence maintenant à créer votre intention.

Après avoir dit « Je laisse aller les griefs et je choisis les miracles » un certain nombre de fois, répétez mentalement la phrase « *Que ta volonté soit faite.* » Cela prépare votre esprit à recevoir l'intention de l'intelligence non localisée et à reconnaître qu'elle est, simultanément, votre intention.

Après une minute environ, laissez aller toute pensée et amenez votre entière attention à votre cœur. Sentez ses pulsations, soit comme un son soit comme une sensation. Sentez comme il bat. Lorsque vous sentez votre cœur, transférez votre conscience à vos mains, et sentez la pulsation de votre cœur dans vos mains. Introduisez l'intention d'augmenter la circulation sanguine dans vos mains. Ayez simplement cette intention. Alors que la circulation devient plus forte dans vos mains, vous sentirez la pulsation augmenter ou vous remarquerez de la chaleur, des picotements ou d'autres sensations. Introduisez l'intention d'accentuer la chaleur, de sorte que vos mains deviennent de plus en plus chaudes. Sentez la chaleur dans vos mains, tandis que votre intention, à elle seule, augmente la circulation du sang.

Quand vos mains sont devenues chaudes, amenez votre conscience à votre visage, à la partie supérieure du visage autour des globes oculaires, et formulez la même intention. Augmentez la circulation sanguine au niveau du visage, de sorte qu'il commence à rougir et à devenir chaud. Ayez-en simplement l'intention. Il se peut que vous ressentiez une pulsation ou un picotement autour des yeux tandis que le flux sanguin augmente et que votre visage devient chaud.

Pour terminer, ramenez votre conscience à votre cœur. Imaginez qu'un minuscule point de lumière palpite dans votre cœur au rythme de ses pulsations. Ce point de lumière qui vibre dans votre cœur est la lumière de votre âme et il palpite avec les trois qualités de l'âme : amour, connaissance et félicité, ou *sat chit ananda*, qui est également le soutra de la troisième règle de vie (chapitre 10). Plongez-vous dans l'expérience de ce point d'amour, de connaissance et de félicité qui pulse et palpite. Il envoie une lumière radieuse au reste de votre corps. Laissez lentement ce point de lumière disparaître à votre conscience, et mettez-vous à l'écoute de votre corps tout entier. Sentez les sensations. Puis ouvrez les yeux. La méditation est terminée.

Affirmations du soutra pour la quatrième règle de vie

Imaginez que l'Univers entier est un vaste océan de conscience et que vos intentions, jaillissant de l'intérieur de votre cœur, le traversent en ondulant.
(san kalpa)

Imaginez que votre intention orchestre l'activité infinie de l'Univers, contrebalançant tout l'écosystème.
(san kalpa)

Imaginez que votre intention peut guérir ceux qui ne vont pas bien.
(san kalpa)

Imaginez que votre intention peut apporter joie et rire à ceux qui sont affligés.
(san kalpa)

Imaginez que vous pouvez amener de la force à ceux qui se sentent faibles et craintifs.
(san kalpa)

Imaginez que vous pouvez apporter de l'espoir à ceux qui se sentent démunis.
(san kalpa)

Imaginez que vos pensées agissent sur les forces naturelles de l'Univers,
que vous pouvez amener pluie et soleil, nuages et arcs-en-ciel.
(san kalpa)

Imaginez que chaque pensée que vous formulez, chaque mot que vous
prononcez, chaque action que vous faites amènent un bienfait au monde.
(san kalpa)

12

Cinquième règle de vie : pacifier son agitation émotionnelle

Transformer l'expérience douloureuse en une conscience nouvelle

SOUTRA : MOKSHA (*MOK-shah*)

Je suis émotionnellement libre.

L ORSQUE nous comprenons que la réalité extérieure ne peut être séparée de la réalité intérieure, lorsque nous comprenons que l'Univers est réellement le prolongement de notre corps, il devient tout à fait clair que l'énergie négative en nous est destructrice. L'agitation émotionnelle est un obstacle majeur à la réalisation spontanée des désirs, mais il est possible de transformer l'énergie négative en un niveau supérieur de conscience.

Moksha signifie « liberté ». Alors que ce soutra résonne en vous, ce qu'il exprime est : « Je suis émotionnellement libre. Mon âme est libérée de tout mélodrame. Je n'ai pas de ressentiment, de griefs, d'hostilité ou de culpabilité. Je suis dépourvu d'autosuffisance. Je n'ai pas de souci pour moi-même. Je ne m'apitoie pas sur moi-même. Je peux rire de moi-même. Je peux voir ma vie avec humour. » Cette liberté comprend et englobe tout cela. Si je ne suis pas libre émotionnellement, j'obscurcis et je trouble l'expérience de l'esprit avec mon ego, et mes meilleures intentions ne peuvent se réaliser.

Ultimement, la liberté émotionnelle mène à la liberté psychologique et spirituelle. Il n'y a vraiment que deux émotions : le plaisir et la douleur – soit ça fait du bien, soit ça fait mal. La plupart des gens croient que les deux émotions fondamentales sont l'amour et la peur, mais ces dernières ne sont que la façon dont nous réagissons au potentiel de plaisir et de peur des situations que nous rencontrons. L'amour signifie que nous voulons nous en rapprocher parce que nous pensons que cela nous amènera du plaisir. La peur signifie que nous voulons nous en éloigner parce que nous pensons que cela nous causera de la douleur.

Nous passons notre vie à rechercher le plaisir et à éviter la douleur. Les choses qui génèrent le plaisir et la douleur sont différentes pour chacun de nous. Le plaisir et la douleur découlent des besoins que nous avons. Si j'ai une folle envie de glace au chocolat et que vous m'en apportez une, j'interpréterai cela comme étant agréable. Si vous êtes allergique au chocolat et que quelqu'un vous offre une glace au chocolat, ce cadeau est associé à de la douleur. Tout dépend de la perception et de l'interprétation. C'est l'ego qui interprète les choses selon qu'il les trouve agréables ou douloureuses, et l'ego assimile tout franchissement non autorisé de ses frontières à une expérience douloureuse.

La condition optimale et la plus authentique est l'équilibre. Chaque fois que nous sommes dans un état d'agitation émotionnelle, nous contrarions notre équilibre naturel interne, ce qui bloque notre évolution spirituelle et peut même nous déconnecter de la synchronicité. Cela ne veut pas dire que les émotions sont mauvaises en elles-mêmes ou qu'il faut les éviter. En tant qu'êtres humains nous aurons toujours des émotions – cela fait partie de la condition humaine. Mais les extrêmes émotionnels nous éloignent du véritable but de notre vie. Il y aura toujours dans notre vie des événements ou des relations qui déclencheront en nous des émotions intenses. Il y aura toujours dans ce monde des choses qui causeront beaucoup de douleur ou d'angoisse. Mais nous devons éviter de rester bloqués sur une émotion.

Représentez-vous la vie comme une rivière avec deux berges – d'un côté, le plaisir, de l'autre, la douleur. Le meilleur moyen de descendre cette rivière est de rester au milieu, de se déplacer en flottant à distance égale des deux rives. Si vous déviez et vous rapprochez trop d'un côté, vous ralentissez et courez le risque d'échouer. Trop de plaisir mène à la dépendance. Trop de douleur peut éclipser votre goût de la vie.

Il est important de remarquer que la douleur n'est pas nécessairement physique. Ce peut être une douleur émotionnelle, ou même le souvenir d'une douleur passée. Bien que notre instinct naturel soit d'éviter la douleur, nous devons y faire face lorsqu'elle se manifeste ; sans quoi elle refera surface plus tard dans notre vie sous une forme ou une autre d'agitation émotionnelle. Même si sa manifestation est différente de ce à quoi vous pourriez vous attendre, elle émergera à nouveau, peut-être sous forme d'insomnie, de maladie, d'anxiété ou de dépression.

L'émotion la plus destructrice est probablement la colère. Le but ultime de la transformation spirituelle est l'éveil, l'état immuable de conscience unifiée, la conscience ininterrompue que vous, moi et le reste de l'Univers sommes des motifs de la même étoffe, tissée d'intelligence non localisée. La colère nous incite à blesser les autres, elle nous fait aller dans la direction opposée à l'éveil et à l'unification de la conscience. La colère obscurcit toute perception d'unité. Elle ne concerne que l'ego. Au lieu de vous faire avancer dans le sens de la synchronicité et de l'éveil, la colère vous fait reculer et vous ferme définitivement aux messages de transformation que l'Univers vous envoie.

Il est par conséquent d'une importance capitale de contrôler cette forme de turbulence émotionnelle. Décharger sa colère n'est vraiment d'aucune utilité. Cela ne sert qu'à l'alimenter et la fait augmenter. Les sentiments de colère doivent être traités de manière positive, si possible dès qu'ils s'élèvent. L'objectif n'est pas de cultiver la colère, ou d'essayer de l'étouffer en l'enterrant. Nous devons plutôt transformer la colère, ou toute autre émotion destructrice, à l'intérieur de nous-mêmes.

La première étape pour transformer les émotions consiste à prendre la responsabilité de ce que nous ressentons. Pour cela, il faut reconnaître l'émotion. Qu'éprouvez-vous ? Où la ressentez-vous dans votre corps ? Lorsque vous pouvez identifier l'émotion, observez-la. Faites-en l'expérience le plus objectivement possible, comme si vous étiez une autre personne, regardant à l'intérieur. La colère est déclenchée par la douleur. Décrivez la douleur à partir de ce point de vue objectif.

Une fois que la douleur a été identifiée de cette façon, vous pouvez commencer à exprimer la douleur, la laisser aller et en parler. Transformez l'expérience douloureuse en une conscience nouvelle. Il est même possible que vous soyez finalement capable de célébrer la douleur comme une nouvelle étape sur votre chemin vers l'éveil spirituel. En accueillant ainsi la douleur, l'agitation émotionnelle disparaît et la voie de la synchronicité se dégage à nouveau.

Exercice 8
TRAITER LA DOULEUR

Cet exercice vous demandera une dizaine de minutes de tranquillité, dans un endroit où vous ne serez pas dérangé. Commencez par méditer pendant quelques instants.

Les yeux fermés, rappelez-vous un événement ou une situation passée qui vous a été très désagréable. Ce peut être une dispute, un moment où vous vous êtes senti blessé dans vos sentiments ou une rencontre inattendue qui vous a irrité. Quand vous avez fixé votre choix sur une situation contrariante ou affligeante, essayez de vous en remémorer le plus de détails possibles. Créez mentalement un film exact de ce qui s'est passé.

Le premier stade du travail avec la douleur de cette situation est d'identifier votre ressenti avec précision. Quel mot décrit au mieux ce que vous éprouvez du fait de cet événement ou de cette situation ? Essayez de trouver un mot unique qui englobe autant de sentiments et d'émotions que possible, qui soit la meilleure description que vous puissiez faire. Maintenant, concentrez-vous sur ce mot pendant quelques secondes.

Laissez votre attention passer progressivement de ce mot à votre corps. Quelles sensations physiques éprouvez-vous d'avoir revécu cette émotion ? Chaque émotion a des aspects mentaux et physiques qui ne peuvent être séparés. Nos sentiments se déroulent simultanément dans notre esprit et dans notre corps. Prenez contact avec les sensations que l'évocation de cet incident a générées. Vous êtes-vous retrouvé sans y penser avec les poings serrés ? Ressentez-vous une constriction au niveau de l'estomac ? Avez-vous mal au ventre ? Remarquez l'expérience physique de l'émotion, et localisez-la au niveau d'une zone précise de votre corps.

La prochaine étape est d'exprimer le sentiment. Posez les mains sur la partie de votre corps où vous sentez que se loge

l'émotion. À voix haute, dites : « J'ai mal ici. » Si la douleur
se trouve à plus d'un endroit, touchez chacun d'eux et répétez
la phrase : « J'ai mal ici. »

Nous avons en nous le pouvoir de faire disparaître la douleur de chaque blessure émotionnelle. Nos réactions aux événements extérieurs s'inscrivent dans notre corps. Nous créons
des émotions, qui à leur tour créent une douleur physique.
Lorsque nous comprenons ce simple fait, nous pouvons
apprendre à changer la façon dont nous répondons aux événements extérieurs. Nous pouvons choisir notre manière de
réagir aux incidents du monde. Si nous réagissons avec colère,
hostilité, dépression, anxiété ou par d'autres émotions intenses, notre corps suit le mouvement et produit les hormones
et les contractions musculaires requises ainsi que d'autres
manifestations physiques qui finissent par générer une douleur concrète. C'est pourquoi nous ne devons jamais perdre
de vue que nous sommes responsables de ces effets, en cela
que nous pouvons modifier nos réactions pour qu'elles soient
moins nuisibles à notre personne. Nous pouvons nous libérer
de l'agitation et des drames émotionnels. Méditez durant un
moment sur le concept de responsabilité personnelle vis-à-vis
des réactions émotionnelles.

Lorsque vous avez localisé et reconnu la douleur, et une
fois que vous en avez pris la responsabilité, vous pouvez la
laisser aller. Posez votre attention sur l'endroit de votre corps
où vous contenez la douleur. Ayez l'intention de libérer cette
tension que vous retenez avec chaque expiration. Consacrez
une demi minute à relâcher, sur chaque expiration, la tension
et la douleur. Laissez aller. Expulsez-la avec le souffle.

L'étape suivante est de partager la douleur. Imaginez que
vous pouvez parler à la personne qui a été impliquée dans
l'incident dont vous vous êtes souvenu pour cet exercice. Que
lui diriez-vous ? Tandis que vous y réfléchissez, rappelez-
vous que cette personne n'était pas la véritable cause de votre

douleur. Vous avez eu une réaction émotionnelle qui s'est manifestée sous forme de douleur physique. Vous en avez pris la responsabilité. Sachant cela, que diriez-vous à cette personne ? Ce que vous choisissez de dire sera propre à vous et à votre situation. Tout ce que vous exprimerez pour partager la douleur que vous avez vécue aidera à évacuer pour toujours cette expérience de votre conscience. Partagez ce que vous avez ressenti, dites comment vous vous sentez maintenant et comment vous avez l'intention de traiter de tels sentiments dans le futur.

Cet exercice peut être utilisé chaque fois que vous vous sentirez émotionnellement perturbé. Lorsque vous l'avez terminé, prenez un moment pour célébrer le fait qu'en pratiquant ce douloureux exercice, vous êtes passé à un niveau supérieur de conscience. Si vous y recourez régulièrement, vous parviendrez à vous libérer entièrement de l'agitation et de la souffrance émotionnelles, dégageant ainsi l'accès à l'expérience de la synchronicité.

Exercice 9
COMMUNICATION NON VIOLENTE

Il y aura toujours dans votre vie des situations et des circonstances où quelqu'un franchira certaines frontières personnelles, déclenchant ainsi de fortes réactions émotionnelles. Cet exercice est tiré de l'excellent livre de Marshall Rosenberg, *Introduction à la communication non violente*.

La communication non violente comporte quatre étapes essentielles, qui vont de pair avec quatre questions à se poser à soi-même lorsqu'on se trouve en train d'adopter une attitude défensive. Quand quelqu'un touche vos points sensibles, il est tentant de lui rendre la pareille. Mais cette réponse n'est pas la meilleure – elle n'est pas productive, elle fait perdre une précieuse énergie personnelle et elle augmente encore l'agitation du monde. Pour cet exercice, pensez à une situation récente dans laquelle quelqu'un vous a irrité ou contrarié d'une façon ou d'une autre. Tout en gardant cette expérience à l'esprit, parcourez les quatre étapes suivantes.

ÉTAPE N° 1
Distinguez observation et évaluation

Déterminez ce qui s'est réellement produit, au lieu de vous baser sur votre interprétation de ce qui est arrivé. Soyez aussi objectif que possible en décrivant l'événement. Demandez-vous : « A quoi suis-je réellement en train de réagir ? Que s'est-il réellement produit ? Qu'ai-je vu et entendu ? »

Vous êtes par exemple en train de conduire votre voiture, vous demandant si vous avez besoin de quoi que ce soit pour le dîner de ce soir lorsque votre conjoint, remarquant votre silence, demande : « Qu'est-ce qui te contrarie ? » « Je ne suis pas du tout contrarié, répondez-vous, j'étais seulement en train de penser au dîner. » Votre conjoint a réagi à votre silence par une évaluation et non par une observation. Chaque fois que vous attachez une signification à une action, vous faites une interprétation ou une évaluation. Voyez si vous pouvez distinguer l'évaluation de l'observation pour les trois séries de phrases suivantes :

1. « Je t'ai vu en train de flirter avec cette femme pendant la fête. »

2. « Je t'ai vu parler avec cette femme pendant plus d'une heure lors de la fête. »

1. « Je remarque que pour toi, ton travail est devenu plus important que ta famille. »

2. « Depuis trois semaines, tu pars tous les jours travailler avant l'aube et tu rentres à la maison après vingt-deux heures. »

1. « Tu ne m'aimes plus. »
2. « Tu ne m'embrasses plus lorsque tu rentres du travail. »

Dans chacune de ces trois séries, la première phrase est une interprétation ou une évaluation.

Chaque fois que vous vous trouvez en train de réagir émotionnellement, faites une pause l'espace d'un instant et essayez de discerner la différence entre l'interprétation que vous donnez de l'événement et son observation objective. Les observations sont d'une importance cruciale, parce qu'elles nous permettent de reconnaître à quel point notre réaction aux autres est basée sur l'interprétation, et cela nous donne la possibilité de changer nos schémas de réaction vis-à-vis d'autrui.

ÉTAPE N° 2

Identifiez vos sentiments

Demandez-vous : « Quels sentiments la situation a-t-elle éveillés en moi ? Qu'est-ce que j'éprouve ? » Tandis que vous décrivez votre ressenti, utilisez un langage qui ne reflète que les sentiments pour lesquels vous êtes responsable et évitez les expressions qui vous positionnent en tant que victime. Par exemple, vous pouvez vous sentir abasourdi, abattu, apprécié, anxieux, audacieux, bienheureux, calme, en colère, confiant, confus, courroucé, déprimé, détendu, distant, effrayé, étonné, euphorique, fatigué, fier, heureux, honteux, hostile, insatisfait, peu intéressé, jaloux, joyeux, libre, mécontent, optimiste, paresseux radieux, sensible, seul ou triste.

Évitez d'utiliser des mots impliquant qu'une autre personne « fait en sorte » que vous éprouviez tel ou tel sentiment. Par exemple, vous ne pouvez pas vous sentir « attaqué » tout seul – cette émotion ne provient pas de vous, mais de votre réaction à autrui. Autres mots à éviter : *abandonné, trompé, trahi, forcé, diminué, manipulé, incompris, exploité, rejeté, pas entendu, pas soutenu, pas pris en compte.* Si vous utilisez ces mots pour identifier vos sentiments, cela signifie que vous donnez aux autres trop de pouvoir sur vos émotions. Si tel est le cas, vous aurez tendance à attirer des gens qui suscitent chez vous ces sentiments et vous serez pris dans un cercle vicieux. Il est très difficile d'être heureux, à moins de reconnaître ses propres émotions et d'en répondre.

ÉTAPE N° 3
Formulez clairement vos besoins

Posez-vous la question : « De quoi ai-je besoin dans cette situation ? » Vous n'éprouveriez pas de si fortes émotions si tous vos besoins étaient satisfaits. Identifiez le besoin aussi précisément que possible. Commencez par votre réaction première puis remontez la chaîne de vos désirs jusqu'à ce que vous trouviez quelques exemples spécifiques de choses à demander. Par exemple : « J'ai besoin de me sentir aimé... Pourquoi ? » « Je me sens seul – j'ai besoin de me sentir moins seul... Pourquoi ? » « Je n'ai pas d'amis proches – j'ai besoin de trouver quelques amis et de développer des relations. » Cette ligne de pensée finit par aboutir à quelque chose que l'on peut demander à une autre personne. Vous ne pouvez pas demander à quelqu'un d'autre de faire en sorte que vous vous sentiez aimé, c'est au-delà des capacités de quiconque. Mais vous pouvez demander à une autre personne d'aller au cinéma avec vous, de se joindre à une fête, de venir prendre une tasse de café.

ÉTAPE N° 4

Demandez, n'exigez pas

Lorsque nous avons identifié un besoin et sommes prêts à faire une demande, il nous arrive souvent d'exiger – plutôt que de demander – que ce besoin soit satisfait. Les exigences ont moins de chance d'être satisfaites parce que les gens, fondamentalement, y réagissent mal. En revanche, la plupart des gens sont généralement contents de satisfaire une demande.

Par exemple, au lieu d'exiger : « Ramasse le linge sec », vous aurez plus de chance d'obtenir une réponse positive en demandant : « Pourrais-tu ramasser le linge sec, s'il te plaît ? »

De plus, comme à la troisième étape, vous souhaiterez peut-être faire la demande d'un comportement particulier. Plus cette demande sera spécifique, plus il est probable que votre requête sera satisfaite. Par exemple, au lieu de dire : « Aime-moi pour toujours », vous pourriez demander : « Voudrais-tu m'épouser ? » Au lieu de poser la question, générale, « Pouvons-nous passer plus de temps ensemble ? », vous pourriez demander : « Pouvons-nous aller faire un tour au parc cet après-midi ? »

Ces étapes sont utiles dans toutes les situations, mais elles le sont plus encore en cas de conflit. Chaque fois que vous êtes impliqué dans une situation tendue, permettez-vous de prendre un peu de recul par rapport aux émotions du moment et optez pour la communication consciente. Qu'observez-vous ? Comment vous sentez-vous ? Déterminez votre besoin. Faites une demande. Cela devrait contribuer à court-circuiter une situation potentiellement explosive et vous permettre de maintenir votre équanimité – ou tout au moins de la regagner.

Exercice 10
GUÉRIR LA COLÈRE DE L'ENFANCE

Pour cet exercice, vous aurez besoin d'approximativement dix minutes, sans interruption.

Pensez à la journée d'hier. Imaginez que votre mémoire est une cassette vidéo que vous pouvez rembobiner jusqu'à l'époque de votre choix. Pour le moment, ramenez-la à vingt-quatre heures plus tôt. Quelles sont les choses que vous avez faites pendant la journée ? Y a-t-il quelque chose qui vous a effrayé ou contrarié ? Il ne s'agit pas nécessairement d'un événement important ou dramatique – peut-être vous êtes-vous impatienté en faisant la queue, ou avez-vous vu quelqu'un se conduire grossièrement ou manquer d'égards. Pendant une minute environ, essayez de vous rappeler les événements de la journée de la manière la plus détaillée possible. Focalisez-vous sur un moment de colère, en prenant conscience des sensations dans votre corps ainsi que des émotions dans votre esprit.

Ensuite, rembobinez cette cassette vidéo en remontant plus loin dans le passé. Retournez précisément un an en arrière. Essayez de vous rappeler ce que vous faisiez il y a un an à cette même date ou à un moment qui s'en rapproche le plus possible. Qu'aviez-vous à l'esprit, alors ? Vous souvenez-vous d'avoir été préoccupé ou fâché à propos de quelque chose ? Essayez de ressentir les émotions que vous éprouviez à cette époque, dans votre esprit et dans votre corps. Ces sentiments sont-ils les mêmes que ceux que vous vous rappelez avoir éprouvés hier ?

Rembobinez la cassette jusqu'à une période encore antérieure, lorsque vous étiez adolescent. À nouveau, focalisez-vous sur une situation qui vous a effrayé ou contrarié. Revivez les sensations, mentalement et physiquement. Remarquez en quoi la colère que vous avez éprouvée hier s'est construite sur des émotions qui datent de si longtemps.

Essayez maintenant de vous souvenir d'un incident de votre enfance. Quelle est la première fois, dans votre vie, où vous vous rappelez avoir été vraiment en colère ? Amenez cette expérience à votre conscience. Où étiez-vous quand cela s'est produit ? Qui d'autre était présent ? Qui, ou quoi, vous a mis dans une telle colère ? Percevez toutes les sensations générées par cette colère.

Remarquez comment la peur et la colère se sont accumulées au fil des années. Bien que vous ne puissiez vous le remémorer, il y eut un temps, dans votre vie, où vous n'aviez encore ressenti ni colère ni peur, un temps de paix et de tranquillité absolues. Laissez-vous imaginer ce qu'a pu être cette expérience de félicité totale. Concentrez-vous sur une époque antérieure à la peur ou à la colère. Rembobinez cet enregistrement imaginaire de votre vie jusqu'à ce que l'écran devienne noir, et sentez s'évaporer les frontières entre vous-même et votre environnement. Durant la minute qui vient, éprouvez la perte totale de toute accumulation de colère, peur et ego.

Tout en conservant ce sentiment de totale félicité dans votre conscience, faites à nouveau avancer cette cassette vidéo. Visionnez à nouveau les endroits de votre vie auxquels vous vous étiez précédemment arrêté – ces épisodes de peur et de colère de votre enfance, de votre adolescence, d'il y a un an et d'hier. Incorporez à ces scènes cette expérience de félicité en même temps que vous les revisitez. Au lieu de laisser un instant de colère s'ajouter à un autre, commencez à effacer ces instants, l'un après l'autre, de votre plus tendre enfance à hier. Passez une minute, environ, à sentir comment la colère et la peur sont totalement effacées par ce souvenir de félicité. Et tandis que ces sentiments s'évanouissent, laissez l'accumulation toxique d'années de peur et de colère disparaître de votre esprit.

Vous pouvez utiliser cet exercice à tout moment pour traiter le problème de la colère à sa racine. De nombreuses personnes trouvent particulièrement positif de le pratiquer le
soir, juste avant de s'endormir, pour se sentir parfaitement
heureuses au réveil, sans colère résiduelle.

Affirmations du soutra pour la cinquième règle de vie

*Imaginez que vous n'avez pas de forme physique, que vous êtes un champ
de conscience qui est partout, à tout instant.*
(moksha)

*Imaginez que vous avez laissé à jamais toute sensation de colère
ou de ressentiment.*
(moksha)

*Imaginez que blâmer, vous sentir blâmé et éprouver de la culpabilité
vous est absolument étranger.*
(moksha)

Imaginez que vous ne versez jamais dans le mélodrame ou l'hystérie.
(moksha)

*Imaginez que vous pouvez choisir tous les ressentis émotionnels
dont vous voulez faire l'expérience.*
(moksha)

*Imaginez que vous pouvez fixer tous les buts que vous souhaitez réaliser
et effectivement les atteindre.*
(moksha)

*Imaginez que vous êtes débarrassé de vos compulsions et de vos schémas
de comportements habituels.*
(moksha)

Imaginez que vous êtes débarrassé de toute dépendance.
(moksha)

Imaginez que vous ne participez jamais à aucun commérage.
(moksha)

Imaginez que vous êtes libre de répondre au niveau le plus élevé,
quelle que soit la situation ou le comportement d'autrui.
(moksha)

Imaginez qu'il n'y a aucune limite à ce que vous pouvez manifester.
(moksha)

Imaginez que vous pouvez voir un éventail infini de possibilités,
à tout instant.
(moksha)

13

Sixième règle de vie : célébrer la danse du Cosmos

Embrasser le masculin et le féminin en soi

SOUTRA : Shiva-Shakti *(SHI-vah SHAK-ti)*

Je donne naissance aux dieux et aux déesses en moi ; à travers moi, ils expriment tous leurs attributs et leurs pouvoirs.

L A SIXIÈME RÈGLE de vie nous encourage à vivre pleinement notre vie en accueillant les aspects féminin et masculin de notre être.

Une manière d'embrasser ces deux aspects de soi-même est d'évoquer des archétypes féminins et masculins. D'après Carl Gustav Jung, les archétypes sont des mémoires héritées, représentées dans l'esprit sous forme de symboles universels que l'on peut observer dans les mythes et dans les rêves. Ce sont des états de conscience. Les archétypes sont des concentrations universelles d'énergie psychique.

Les archétypes existent en tant que potentiel et demeurent en sommeil dans notre conscience. Chacun de nous possède au moins un archétype, qui reste en veilleuse jusqu'à ce qu'il soit stimulé par une situation dans l'environnement ou dans la vie consciente ou inconsciente de la personne. Une fois activé, l'archétype manifestera ses pouvoirs et ses attributs à travers vous. Ce que vous faites de votre vie est généralement une représentation de la combinaison de vos archétypes, dans une certaine proportion. Par exemple, une personne qui exerce un pouvoir hors du commun sur le monde, tel un roi ou un président, aura probablement Zeus ou Héra comme archétypes de pouvoir et de leadership. Mais si cette personne est aussi exceptionnellement sage, Athéna pourrait bien être son archétype de sagesse.

Il est possible d'activer consciemment votre archétype au moyen de l'intention. Une fois que vous avez découvert vos archétypes fondamentaux, vous pouvez commencer à les invoquer quotidiennement. Entourez-vous de symboles, de mots ou de représentations qui vous les rappellent. Disposez ces symboles près de votre lit, de sorte qu'ils soient les premiers objets que vous regardiez en vous réveillant le matin. Demandez à vos archétypes de vous offrir leur guidance et leur sagesse, de faire partie de vous et d'œuvrer à travers vous. Ce peut être aussi simple que de dire : « Je vous demande de faire partie de moi et d'agir à travers moi. Guidez-moi dans ma vie. »

Si vous invitez vos archétypes de cette manière, juste après votre méditation quotidienne, vous commencerez à sentir leur présence plus distinctement et plus directement. Ils peuvent vous faire accéder aux forces cachées à l'intérieur de vous.

Exercice 11
TROUVER LE COSMOS A L'INTÉRIEUR

Enregistrez le texte suivant, et écoutez-le.

Installez-vous confortablement, en position assise ou couchée, et fermez les yeux. Apaisez votre dialogue interne en observant votre respiration.

Après quelques minutes, posez votre attention sur votre cœur. Visualisez votre cœur comme une vibrante sphère de lumière. Dans cette sphère, visualisez deux ou trois êtres divins ou énergies archétypales. Ce peut être des anges, des dieux ou des déesses. Voyez maintenant que le reste de votre corps est un corps de lumière. Imaginez que progressivement, ce corps de lumière avec sa sphère palpitante d'êtres divins se dilate et s'étend, et qu'il emplit toute la pièce dans laquelle vous vous trouvez. Laissez cette expansion se produire au-delà même des limites de la pièce, de sorte que vous n'êtes plus dans la pièce mais que celle-ci est en vous. Continuez ce processus d'expansion de votre corps de lumière jusqu'à ce que toute la ville dans laquelle vous vivez existe au sein de votre être – les immeubles, les gens, la circulation et la campagne environnante.

Continuez à étendre votre conscience de vous-même pour englober dans votre être physique la région dans laquelle vous vivez, votre pays et finalement la planète entière. Voyez maintenant que le monde tout entier existe en vous – tous les humains, tous les autres êtres sensibles, les arbres et les forêts, les rivières et les montagnes, la pluie et le soleil, la terre et l'eau – ce sont différents éléments de votre être, au même titre que les différents organes de votre corps.

Maintenant, dites-vous intérieurement : « Je ne suis pas dans le monde ; le monde est en moi. » Tous les déséquilibres que vous voyez dans ce monde qui est le vôtre, demandez aux êtres divins qui dansent toujours dans la vibrante sphère de votre cœur de les corriger. Demandez à ces êtres divins d'exaucer tous vos désirs et d'amener l'harmonie, la beauté, la guérison et la joie aux différentes parties de votre soi cosmique. Continuez à étendre votre conscience de soi pour inclure les planètes et les lunes, les étoiles et les galaxies.

À présent, dites-vous : « Je ne suis pas dans l'Univers, l'Univers est en moi. » Puis commencez lentement à faire diminuer la taille de votre soi cosmique jusqu'à ce que vous fassiez à nouveau l'expérience de votre corps personnel. Imaginez les billions de cellules de votre corps physique – toutes font partie d'une danse, chaque cellule est elle-même un Univers à part entière. Rappelez-vous que votre être véritable habite tous ces niveaux de création, du microcosme au macrocosme, de l'atome à l'Univers, de votre corps personnel à votre corps cosmique. Rappelez-vous que sont disponibles pour vous, à chacun de ces niveaux de votre existence, les énergies divines qui orchestrent la danse cosmique sur le plan non localisé afin de créer l'interaction harmonieuse des éléments et des forces capables de satisfaire tous les désirs. Exprimez votre gratitude à ces énergies archétypales.

Restez maintenant tranquillement assis, ou couché, conscient de toutes les sensations dans votre corps. Vous sentirez peut-être des picotements, ou de l'euphorie. Après deux ou trois minutes, ouvrez les yeux. L'exercice est terminé.

Affirmations du soutra pour la sixième règle de vie

Imaginez que vous êtes capable de changer de forme.
(Shiva-Shakti)

Imaginez que vous pouvez être aussi bien masculin que féminin, si vous le désirez.
(Shiva-Shakti)

Imaginez que vous êtes fort, décidé, courageux, cohérent, éloquent
et puissant.
(Shiva-Shakti)

Imaginez que vous êtes beau, charnel, intuitif, nourricier et affectueux.
(Shiva-Shakti)

Imaginez que vous avez la stabilité d'une montagne.
(Shiva-Shakti)

Imaginez que vous avez la souplesse du vent.
(Shiva-Shakti)

Imaginez que vous êtes un ange ailé.
(Shiva-Shakti)

Imaginez que vous êtes un éveillé à la compassion infinie.
(Shiva-Shakti)

Imaginez que vous êtes un être divin évoluant dans les sphères célestes.
(Shiva-Shakti)

Imaginez à nouveau que vous pouvez changer de forme,
que vous pouvez devenir animal, oiseau, insecte, plante ou rocher.
(Shiva-Shakti)

Imaginez que tous les êtres mythiques résident en vous, bien
que certains soient vos archétypes favoris.
(Shiva-Shakti)

Imaginez que vous pouvez devenir les héros et les héroïnes
que vous admirez le plus.
(Shiva-Shakti)

14

Septième règle de vie : atteindre l'improbable

S'ouvrir à l'infini des possibles

SOUTRA : Ritam (*ri-tahm*)

Je suis alerte, attentif aux coïncidences, et je sais qu'elles sont des messages de Dieu. Je suis porté par le flux de la danse cosmique.

L A SEPTIÈME règle de vie englobe tous les autres aspects de la synchrodestinée pour former une approche de la vie qui découle d'une conscience paisible.

Ritam signifie « je suis vigilant et attentif à la conspiration des improbabilités. »

Chaque événement a une chance ou une probabilité particulière de se produire. La probabilité de gagner à la loterie est très faible. Celle de gagner à la loterie sans même acheter de billet l'est encore plus. Par nos actes, nous augmentons la probabilité que quelque chose se produise. Et beaucoup de nos actes sont déterminés par notre conditionnement karmique – ces interprétations de nos expériences et de nos relations passées qui forment et affectent les souvenirs de notre vie et nos désirs. Si, dans le passé, il nous est arrivé plusieurs fois d'avoir de la chance, la probabilité que nous achetions un billet de loterie augmente. Mais quelqu'un qui n'a jamais rien gagné a l'impression d'avoir perdu avant même d'acheter un billet, et il est fort possible qu'il ne le fasse jamais.

C'est pourquoi, afin de changer votre vie, vous devez vous libérer de votre conditionnement karmique actuel. Vous devez modifier votre interprétation de ce qui se passe dans votre vie. Vous devez vous transformer, devenir une personne pour laquelle la probabilité qu'arrivent des choses formidables augmente. Et cette transformation débute au niveau de l'âme. L'âme donne un sens aux événements. L'âme agit en influençant notre esprit. Et pour chaque action, il y a un souvenir, une interprétation. Signification, expérience, interprétation, souvenir, désir – à travers le cycle karmique, tous ces aspects sont étroitement liés.

Nous nous habituons à une certaine façon de faire les choses et nous poursuivons ce schéma par habitude, simplement parce que c'est confortable. Afin de changer votre vie, vous devez trouver un moyen de briser le schéma. Ce n'est pas facile, mais des gens font cela tous les jours. La meilleure manière d'y arriver est de guetter des signes de probabilités nouvelles – et ces signes viennent à nous sous forme de coïncidences.

Les coïncidences sont des messages du domaine non localisé, des invitations à briser nos liens karmiques. Les coïncidences nous invitent à abandonner le connu et à embrasser l'inconnu. Une coïncidence est un saut quantique créatif dans le comportement de l'Univers lui-même. Étant donné que le connu est lui-même une habitude de conditionnement passé, la créativité et la liberté existent dans l'inconnu – dans tout ce qui brise l'amplitude des probabilités fixées par le karma. C'est pourquoi il est important de rechercher les coïncidences, d'en prendre note. Quand vous remarquez des coïncidences, vous pouvez découvrir leurs significations cachées et leur importance pour votre vie.

Une coïncidence est, par définition, une expérience de synchronicité. Elle vient du domaine non localisé et ses effets sur notre monde sont imprévisibles. Le simple fait qu'il s'agisse d'une coïncidence signifie qu'il s'agit d'un message de Dieu. Nous devons en tenir compte, puis agir. C'est l'occasion que nous avons d'y répondre de manière créative. Le but de l'éveil est d'aller au-delà du schéma des probabilités et d'expérimenter la vraie liberté. C'est pourquoi il est important de ne jamais ignorer une coïncidence. Ne laissez jamais passer une chance de voir ce que l'Univers a prévu pour vous. Et si vous prêtez attention aux coïncidences, vous découvrirez qu'elles se précipitent, générant encore plus d'opportunités. C'est là le secret de la synchrodestinée. Toutes les idées présentées ici sont les règles qui gouvernent l'Univers. En les adoptant comme des panneaux indicateurs pour votre propre existence, vous vivrez la vie de vos rêves. Le fait de comprendre que ces principes ne sont pas de simples abstractions, qu'ils sont véritablement à l'œuvre dans tout ce que nous faisons, dépasse de loin une prise de conscience ordinaire : c'est, vraiment, une sorte de célébration. Lorsque vous avez maîtrisé la synchrodestinée, lorsque vous avez appris à synchroniser votre vie avec l'Univers lui-même, vous célébrez la danse cosmique.

Exercice 12
FAIRE LA SYNTHÈSE

Rendez-vous en un lieu de grande activité, comme un centre commercial. Au rayon d'alimentation, achetez quelque chose à manger. Puis asseyez-vous sur un banc. Fermez les yeux. En étant pleinement conscient, goûtez cet aliment, sentez son odeur, sa consistance. Tout en gardant les yeux fermés, faites attention à tous les sons de votre environnement. Quelle est la musique dans l'arrière-plan ? Des chants de Noël ? Une musique de film ? Pouvez-vous capter la conversation des gens près de vous ? Pouvez-vous entendre des bribes de phrases, des mots ? Y a-t-il des sons qui vous semblent plus intéressants, ou qui attirent davantage votre attention que d'autres ?

Posez maintenant votre attention sur votre corps, sentez tout ce qu'il y a à sentir autour de vous. La dureté ou le moelleux du banc ou du siège – est-il en bois, en métal, en tissu ?

Ouvrez les yeux et observez le décor autour de vous, regardez ce qu'il y a à voir, les gens qui marchent, les couleurs, les boutiques, les articles dans les vitrines, les magasins d'art.

Maintenant, fermez les yeux et, dans votre imagination, remarquez une fois encore ce dont vous avez fait l'expérience – les goûts, les odeurs, les textures, les couleurs et les objets que vous avez vus, les sons que vous avez entendus. Choisissez un élément de chacune de vos expériences sensorielles. Ce pourrait être, par exemple, la glace à la fraise sur votre langue, l'odeur du pain qui cuit, la sensation de rugosité sous vos pieds, un magnifique tableau représentant un coucher de soleil sur des collines, des chants de Noël et la musique du film de James Bond *Goldfinger*. À présent, dites-vous que tous ces sons, ces odeurs, ces textures et ces saveurs font partie d'une histoire. Demandez-vous quelle est cette histoire. Demandez à votre soi non localisé de vous la révéler. Maintenant, laissez aller et supposez que votre soi non localisé vous fournira la réponse sous forme d'une expérience de synchronicité.

L'exercice ci-dessus correspond à une expérience authentique, qui m'est arrivée dans une galerie marchande à la période de Noël. Un an plus tard, je me trouvais en Jamaïque. J'étais parti faire un tour à la campagne, en voiture, et tombai sur un paysage en tout point semblable à l'image du tableau – un magnifique coucher de soleil au-dessus d'une colline, au bord de l'océan. Je me renseignai et appris qu'on appelait cet endroit Strawberry Hill, et que le film de James Bond, *Goldfinger*, avait été tourné là. Il y avait un superbe hôtel sur Strawberry Hill. Je décidai d'y entrer. L'hôtel abritait un luxueux centre de rajeunissement. Son directeur fut ravi de me rencontrer : il avait cherché à me joindre au cours des dernières semaines parce qu'il voulait être conseillé sur les thérapies ayurvédiques. Nous nous retrouvâmes bientôt en train d'imaginer une collaboration entre nous. Quelques années plus tard, je rencontrai également le propriétaire de l'hôtel, qui était directeur d'une maison de disques. Sa femme était atteinte d'une maladie pour laquelle elle me consulta, et nous devînmes amis. Il me donna de précieux conseils quand je produisis mon premier CD de musique et de méditations de guérison. Bien des années ont passé et notre amitié continue à évoluer ; nous nous sentons liés l'un à l'autre dans un esprit d'amour ; nous savons que nous sommes karmiquement connectés.

Affirmations du soutra pour la septième règle de vie

Imaginez que vous vous déplacez en rythme, sur les impulsions d'un Univers conscient.
(ritam)

Imaginez que vous dansez au rythme de l'Univers.
(ritam)

Imaginez que les rythmes de votre corps sont parfaitement en ordre.
(ritam)

Imaginez que votre corps est une symphonie.
(ritam)

Imaginez que vous êtes l'harmonie de l'Univers.
(ritam)

Imaginez que chaque fois que vous cherchez quelque chose, l'Univers
vous offres des indices sous forme de coïncidences.
(ritam)

Imaginez qu'il y a une connexion entre ce qui se passe dans vos rêves
et ce qui se passe pendant vos heures de veille.
(ritam)

Imaginez que vous vous transformez et que vous évoluez pour devenir
un être supérieur.
(ritam)

Imaginez qu'il y a un sens et un but à tout ce qui se passe et à tout ce
que vous faites.
(ritam)

Imaginez que vous avez une contribution à apporter au monde.
(ritam)

Imaginez que la vie est pleine de coïncidences.
(ritam)

Imaginez que vous remarquez ce que les autres, peut-être, ne remarquent
pas.
(ritam)

Imaginez que vous décelez le sens caché derrière les événements.
(ritam)

Imaginez que la vie est pleine d'expériences ineffables.
(ritam)

*Imaginez que vous avez des talents uniques que vous utilisez pour servir
et aider autrui.*
(ritam)

Imaginez que toutes vos relations sont nourricières et joyeuses.
(ritam)

Imaginez que le jeu et l'humour font vos délices.
(ritam)

15

Vivre la synchrodestinée

La réalisation spontanée des désirs

J E VOUDRAIS revenir à la question que j'avais posée au début du livre : si vous saviez que des miracles peuvent se produire, lesquels souhaiteriez-vous voir arriver ?

La plupart des gens rêvent d'abord de posséder assez d'argent. Avoir un milliard de dollars à la banque implique certainement moins d'anxiété dans le domaine des finances. Nous avons tendance à penser qu'à partir du moment où nous disposons de ce genre de sécurité, nous sommes libres de choisir la vie qui nous rend le plus heureux, qui satisfait nos besoins intérieurs, qui fait que, d'une manière ou d'une autre, notre séjour sur terre a de la valeur. Si vous saviez que vous pourriez avoir tout cela et faire tout ce que vous désirez, que choisiriez-vous d'avoir et que choisiriez-vous de faire ?

La synchrodestinée vous permet de faire en sorte que ces miracles se produisent, sans limite, sans fin. Elle y parvient en vous poussant doucement et progressivement du domaine localisé au domaine non localisé. Quand nous nous bornons à ne vivre que dans le domaine localisé, nous sommes pauvres. Nos comptes en banque spirituels sont vides. Dans le domaine localisé, là où la plupart d'entre nous demeurent en permanence, on ne peut jamais savoir avec certitude ce qui va se passer. Va-t-on réussir à mener à bien les entreprises de la journée, de la semaine, du mois ? Nos actions sont chargées d'anxiété. Nos pensées sont obscurcies par le doute et nos intentions bloquées par les préoccupations de l'ego.

Mais utiliser la synchrodestinée pour entrer en contact avec le domaine non localisé vous permet d'entrer dans un domaine de créativité et de corrélation infinies. Ici, vous jouissez d'une sécurité intérieure, vous êtes exempt d'anxiété et libre d'être la personne que vous étiez destiné à être. Vous possédez l'équivalent spirituel d'un milliard de dollars à la banque. Dans le domaine non localisé, vous disposez d'une réserve illimitée de connaissance, d'inspiration, de créativité, de potentiel. Vous avez accès à une provision infinie de tout ce que l'Univers peut offrir. Quoi qu'il arrive dans votre vie, vous êtes calme, sans inquiétude, et vous vous sentez infiniment béni.

Les règles de vie de la synchrodestinée proposent un itinéraire direct pour développer votre connexion au domaine non localisé. Pratiquez la méditation et imprégnez-vous des affirmations quotidiennes des soutras, et un jour viendra où vous vous trouverez connecté à l'esprit d'une manière qui rendra non seulement les miracles possibles mais qui fera d'eux une partie naturelle de votre vie de tous les jours.

Comme tout voyage qui en vaut la peine, vivre la synchrodestinée vous demandera quelques sacrifices. Il vous faudra sacrifier vos idées erronées selon lesquelles le monde fonctionne comme une machine bien huilée, sans conscience. Vous aurez besoin de sacrifier la croyance que vous êtes seul dans le monde. Vous aurez besoin de sacrifier le mythe qu'une vie enchantée est impossible. Certaines personnes vivent une vie enchantée en permanence. Elles ont appris à rétablir le contact avec l'énergie illimitée qui est la source de l'Univers. Elles ont appris à être attentives aux signes que l'intention du domaine non localisé exprime à travers les coïncidences et à découvrir le sens de ces signes, de sorte qu'elles savent quelles sont les actions à entreprendre pour augmenter la probabilité que de merveilleuses choses se produisent.

SYNCHRODESTINÉE ET NIVEAUX DE CONSCIENCE

Selon le Vedanta, il existe sept niveaux de conscience, mais beaucoup d'entre eux n'ont pas fait l'objet d'une recherche approfondie dans le contexte de la science médicale moderne. En fait, certains de ces états ne sont même pas reconnus par le courant scientifique dominant. En Inde, Sri Aurobindo, l'un des plus grands visionnaires du siècle dernier, affirmait que parce que nous sommes à un stade très peu avancé de l'évolution humaine, la majorité d'entre nous n'expérimentent que les trois premiers niveaux de conscience : le sommeil, le rêve et l'état de veille. Nous finirons par reconnaître et comprendre les états de conscience plus élargis, et lorsque ce sera le cas, les concepts de synchronicité, télépathie, clairvoyance et connaissance des vies passées seront admis par le plus grand nombre.

Chacun des sept niveaux de conscience représente un développement de notre expérience de synchronicité, et chaque niveau progressif nous emmène plus près de l'idéal qu'est l'éveil. Nous passons tous par les trois premiers de manière habituelle. Malheureusement, la plupart des gens ne vont jamais au-delà de ces trois états de base.

Le *premier niveau de conscience* correspond au sommeil profond. Dans le sommeil profond, il y a une trace de conscience – nous continuons à répondre aux stimuli tels que le son, la lumière intense ou le toucher – mais nos sens sont presque totalement engourdis et il n'y a que très peu de cognition ou de perception.

Le *second niveau de conscience* est le rêve. Pendant les rêves, nous sommes un petit peu plus conscients et un petit peu plus alertes que dans le sommeil profond. Quand nous rêvons, nous avons des expériences. Nous voyons des images, nous entendons des sons. Il nous arrive même de penser. Le monde de nos rêves nous paraît réel, important et significatif. Ce n'est qu'une fois réveillés que nous reconnaissons que la réalité du rêve est limitée à ce moment particulier – celui pendant lequel nous rêvons – et qu'elle est peut-être moins directement significative que notre vie à l'état de veille.

Le *troisième niveau de conscience* est l'état de veille. C'est l'état dans lequel la majorité d'entre nous se trouvent la plupart du temps. L'activité du cerveau que l'on mesure à l'état de veille est passablement différente de celle du sommeil profond et du rêve.

Le *quatrième niveau de conscience* se manifeste quand nous apercevons l'âme, quand nous transcendons, quand nous devenons, ne serait-ce que durant un bref instant, absolument silencieux et tranquilles et que nous prenons conscience de l'observateur en nous. Cet état de conscience se produit durant la méditation, au moment où nous faisons l'expérience de la brèche, ce moment de silence entre nos pensées. Les gens qui méditent régulièrement ont cette expérience chaque fois qu'ils méditent. De ce fait, leur conscience de soi s'élargit.

Le quatrième niveau de conscience produit également des effets physiologiques qui lui sont propres. Les taux de cortisol et d'adrénaline baissent. Le stress diminue. La pression artérielle baisse. Les défenses immunitaires augmentent. Des chercheurs en neurologie ont démontré que lorsqu'on fait l'expérience de l'espace entre les pensées, notre activité cérébrale est très différente de celle du simple état de veille et de vigilance. Cela veut dire qu'apercevoir l'âme produit des changements physiologiques, tant dans le cerveau que dans le corps. Dans ce quatrième niveau de conscience, tout comme nous pouvons entrevoir l'âme, nous pouvons aussi pressentir l'amorce de la synchronicité.

Le *cinquième niveau de conscience* est appelé conscience cosmique. Dans cet état, votre esprit peut observer votre corps matériel. Votre conscience passe de l'état dans lequel elle est simplement réveillée dans votre corps et de celui où elle ne fait qu'apercevoir l'âme à un niveau d'éveil et de conscience dans lequel vous êtes partie intégrante de l'esprit infini. Même quand votre corps est endormi, votre esprit – l'observateur silencieux – regarde le corps dans son profond sommeil, presque comme si vous aviez une expérience hors du corps. Lorsque cela se produit, il y a une conscience vigilante qui observe, non seulement quand vous dormez et rêvez, mais aussi quand vous êtes complètement éveillé. L'esprit observe, et vous êtes l'esprit. L'observateur peut observer le corps pendant qu'il rêve, et simultanément être témoin du rêve. La même expérience a lieu en état de veille. Votre corps peut être en train de disputer un match de tennis, de parler au téléphone ou de regarder la télévision. Pendant ce temps, votre esprit observe le corps-esprit dans ces activités.

Ce cinquième niveau est appelé conscience cosmique parce que les deux qualités de la conscience, localisée et non localisée, sont présentes en même temps. Dans ce cinquième niveau, lorsque vous sentez votre connexion à l'intelligence non localisée, la synchronicité commence vraiment à se manifester. Dans cet état, vous réalisez qu'une partie de vous est localisée et qu'une autre, étant non localisée, est reliée au tout. Vous vivez pleinement votre inséparabilité à tout ce qui existe. Votre intuition s'accroît. Votre créativité augmente. Votre compréhension devient plus profonde. Des études ont montré que lorsque quelqu'un a réalisé un état de conscience cosmique tel qu'il vit cette expérience de témoin, ses ondes cérébrales ont la qualité de la méditation même lorsqu'il est engagé dans une activité. Cette personne peut être en train de jouer au football, ses ondes cérébrales seront identiques à celles de quelqu'un qui médite.

Le *sixième niveau de conscience* est appelé conscience divine. À ce niveau, le témoin devient de plus en plus éveillé. Dans l'état de conscience divine, vous ne sentez pas seulement la présence de l'esprit en vous-même, mais vous commencez à la sentir dans tous les autres êtres. Vous voyez la présence de l'esprit dans les plantes. Vous sentez la présence de l'esprit dans les pierres. Vous reconnaissez que la force de vie s'exprime dans tous les objets de l'Univers, aussi bien dans celui qui observe que dans ce qui est observé, dans celui qui voit et dans ce qui est vu. Cette conscience divine vous permet de voir la présence de Dieu en toute chose. Les gens qui se trouvent dans l'état de conscience divine sont même capables de communiquer avec les animaux et les plantes.

Ce n'est pas un niveau de conscience dans lequel la majorité des gens peuvent demeurer de façon constante. On y entre, et on en sort. Mais tous les grands prophètes et voyants comme Jésus-Christ, Bouddha, de nombreux yogis et de nombreux saints ont vécu dans la conscience divine.

Le *septième et dernier niveau de conscience*, le but ultime, est appelé conscience d'unité. On peut également l'appeler éveil. Dans la conscience d'unité, l'esprit dans celui qui perçoit et l'esprit dans ce qui est perçu fusionnent et deviennent un. Lorsque cela se produit, vous voyez le monde entier comme une extension de votre propre être. Vous dépassez l'identification à votre conscience personnelle, vous voyez que le monde entier est une projection de votre propre soi.

Il y a une transformation complète du soi personnel en le soi universel. À ce niveau, les miracles sont un lieu commun, mais ils ne sont même plus nécessaires parce que la sphère infinie des possibilités est disponible à tout instant. Vous transcendez la vie. Vous transcendez la mort. Vous êtes l'esprit qui toujours fut et toujours sera.

COMMENT PASSER D'UN NIVEAU DE CONSCIENCE À UN AUTRE

La synchrodestinée mature notre capacité à progresser d'un niveau de conscience à un autre, au moyen de quatre approches. La première, et la plus importante, est la méditation quotidienne. La méditation nous permet d'apercevoir l'âme dans les espaces entre les pensées et de découvrir l'observateur silencieux en nous. C'est l'étape qui nous fait passer du troisième au quatrième niveau de conscience, de l'état où l'on est simplement réveillé à celui où l'on est réveillé et conscient de l'âme.

La seconde approche implique de pratiquer la récapitulation décrite au chapitre cinq. La récapitulation nous permet de cultiver cet observateur silencieux qui peut nous faire passer du quatrième au cinquième niveau de conscience. Grâce à la récapitulation, nous pouvons reconnaître que ce qui a été réel durant la journée fait déjà partie du rêve, tout comme la réalité d'un rêve s'évanouit lorsqu'on s'éveille. Le simple fait de vous dire « Je vais observer mes rêves » vous permet d'expérimenter ce qu'on appelle « les rêves lucides ». Vous pouvez rapidement devenir le chorégraphe et le directeur de vos rêves, et les modifier tout en rêvant. Si vous récapitulez votre journée et vos rêves, vous finirez par faire l'expérience d'observer aussi bien vos rêves que vos moments de veille.

La troisième approche consiste à cultiver ses relations, à les vivre comme une connexion d'esprit à esprit et non d'ego à ego. Cela facilite le passage au sixième niveau de conscience. Lâcher prise sur votre besoin d'approbation et de contrôle accélère ce processus. Lorsque les gens sont vraiment en harmonie les uns avec les autres, ils expérimentent la synchronicité dans leurs relations. La quatrième approche consiste à lire les soutras. Mon expérience est que si vous lisez la même phrase, le même soutra chaque jour, cette phrase va commencer à prendre des significations nouvelles et à engendrer de nouvelles expériences tandis que votre conscience s'élargira. La sagesse védique considère que « la Connaissance est différente en fonction des différents niveaux de conscience. » Alors que votre conscience s'étend, les mêmes phrases révèlent de nouvelles nuances de sens, qui à leur tour engendrent une compréhension plus profonde. Cette compréhension influence la manière dont vous expérimentez le monde, et ces expériences peuvent agir sur votre niveau de conscience. Avec le temps et la pratique, vous apprendrez à voir le monde selon des perspectives que vous n'auriez jamais crues possibles – plein de magie et de miracles –, et vous exaucerez vos désirs les plus chers.

QU'ATTENDRE
DE LA SYNCHRODESTINÉE ?

Bien que les idées présentées dans ce livre puissent marquer le début de toute une vie d'évolution et de réalisation personnelle, c'est à vous qu'il appartient de choisir si, oui ou non, vous allez entrer dans la conspiration des improbabilités et découvrir le trésor caché qu'elle recouvre. Vous pouvez commencer à cheminer sur la voie de la synchrodestinée comme vous entreprendriez une démarche pour parvenir à la richesse ou trouver des relations plus satisfaisantes, ou réussir votre carrière. La synchrodestinée peut certainement réaliser cela pour vous. Mais son but ultime est d'élargir votre conscience et d'ouvrir une porte sur l'éveil. Profitez du voyage. Chaque étape amène de nouvelles merveilles, de nouvelles façons de percevoir et de vivre dans le monde. Pensez à la synchrodestinée comme à une sorte de renaissance ou d'éveil. De même que vos journées sont radicalement différentes de l'état de sommeil profond – et bien plus excitantes –, de même l'éveil au cinquième, sixième ou septième niveau de conscience représente une expansion drastique du champ de votre expérience. Grâce à la synchrodestinée, vous pouvez finalement devenir la personne que l'Univers a prévu que vous soyez – aussi puissante que le désir, aussi créative que l'esprit. Tout ce que cela demande, c'est un désir ardent de se joindre à la danse cosmique et un empressement à rechercher les miracles de l'âme.

Une fois que ces miracles commencent à se multiplier et deviennent partie intégrante de votre vie, vous réalisez que la synchrodestinée n'est que le symptôme d'un phénomène plus profond : celui d'un changement dans votre identité et d'un éveil à qui vous êtes vraiment. Vous commencez à comprendre que le vrai « vous » n'est pas une personne du tout. Le vrai « vous » est un champ d'intelligence dans lequel la personne avec laquelle vous vous êtes identifié, toutes les autres personnes ainsi que l'environnement où tout existe co-émergent et co-évoluent comme résultat de vos propres interactions avec vous-même. Vous ne vous représentez plus l'Univers comme une somme de particules séparées et distinctes mais comme une totalité, cohérente et ininterrompue dans laquelle la personnalité à laquelle vous vous identifiez actuellement ainsi que ses pensées, toutes les autres personnalités et leurs pensées, et tous les événements et les relations sont des motifs qui s'interpénètrent, qui sont en relation mutuelle d'interdépendance – qui sont un comportement unique de votre soi non localisé. Vous êtes le lumineux mystère dans lequel l'Univers entier, avec toutes ses formes et ses phénomènes, croît et décroît. Lorsque cette réalisation se fait jour, une complète transformation a lieu, le soi personnel devient le soi universel ; il y a une connaissance de l'immortalité qui résulte de l'expérience, la peur disparaît totalement, y compris la peur de la mort. Vous êtes devenu un être qui irradie l'amour tout comme le soleil irradie la lumière. Vous êtes finalement arrivé là où votre voyage a commencé.

Le soi localisé est un comportement éphémère et impermanent du soi non localisé. Il va et vient, tandis que le soi non localisé continue à évoluer à travers des expériences plus élevées d'abstraction et de créativité.

Ne reste pas à pleurer devant ma tombe,
Je n'y suis pas.
Je n'y dors pas.
Je suis un millier de vents qui soufflent,
Je suis le scintillement du diamant sur la neige.
Je suis la lumière du soleil sur le grain mûr,
Je suis la douce pluie d'automne.
Dans le silence feutré de la clarté du matin,
Je suis l'oiseau au vol rapide.
Ne reste pas à te lamenter devant ma tombe.
Je n'y suis pas,
Je ne suis pas mort.

Auteur amérindien anonyme

Conclusion

Vivre relié au pouvoir infini des coïncidences

VOUS AVEZ appris dans ce livre des pratiques essentielles pour parvenir à la réalisation spontanée de vos désirs en utilisant le pouvoir infini des coïncidences, la synchronicité. Ces techniques, en particulier les soutras, sont issues de l'une des plus anciennes traditions de sagesse du monde, le Vedanta. En sanskrit, « veda » signifie connaissance. Le Vedanta est le point culminant, le sommet, ou la fin de toute connaissance. En d'autres termes, le Vedanta est la crème du Veda.

La prémisse centrale de cet ancien système de connaissance est que l'esprit, ou la conscience, est la réalité ultime. C'est le fondement non localisé de l'être, qui se différencie simultanément en une réalité objective et une réalité subjective. La réalité subjective existe en tant que vos pensées, vos sensations, vos émotions, vos désirs, vos imaginations, vos fantasmes, vos souvenirs et vos aspirations les plus profondes. La réalité objective est votre corps physique et le monde dont vous faites l'expérience par l'intermédiaire de vos sens. Ces deux réalités coexistent de façon simultanée et interdépendante. Elles ne sont pas la cause l'une de l'autre, mais elles dépendent néanmoins l'une de l'autre. Elles sont mutuellement *en relation acausale*. De même qu'une unique cellule dans l'utérus se différencie en cellules cérébrales, nerveuses et rétiniennes et, par leur intermédiaire, nous donne une expérience du monde, de même le seul esprit non localisé devient à la fois l'observateur et l'observé, les sens physiques et le monde physique, l'organisme biologique et son environnement, les pensées et les émotions.

Vos mondes intérieur et extérieur appartiennent tous deux à un continuum, un champ d'activité unique, unifié. Le monde extérieur est, à n'importe quel point spécifique de l'espace-temps, un miroir de qui vous êtes. Cette idée a été exprimée de nombreuses façons différentes. « Si vous voulez connaître l'état de votre conscience personnelle, regardez autour de vous et voyez ce qui vous arrive, disent les maîtres spirituels. Si vous voulez connaître l'état de la conscience collective, regardez ce qui se passe dans le monde. » A tout point donné du temps, votre réalité personnelle est orchestrée, au niveau de la synchronicité et des coïncidences, par votre conscience de soi.

Si votre conscience de soi est contractée, elle le manifestera par un corps tendu et crispé, une attitude craintive et un environnement incertain. Par ailleurs, si votre conscience de soi s'élargit, elle fera l'expérience d'un corps détendu et d'un environnement amical et ouvert, où vos intentions se réalisent dans la synchronicité. Votre soi, lorsqu'il est vaste, éprouve toujours un sentiment de valeur, de paix, de liberté et d'absence d'entrave, il se sent porté par le courant et est plein de respect devant le mystère de l'existence. La conscience de soi détermine également notre attitude. La cupidité, l'arrogance et l'agressivité, ainsi qu'une tendance à être mécontent et insatisfait résultent d'une conscience de soi contractée. La disposition à partager, à soutenir et à aider, l'humilité, un caractère conciliant, aimable et satisfait proviennent du soi vaste et élargi.

Pour ce qui est de l'aspect plus large de la conscience de soi, la masse critique des gens dans les sociétés, les communautés et les institutions détermine également l'attitude de ces entités plus grandes. Lorsqu'une culture a une identité contractée, elle s'attache particulièrement au profit, à la compétition sans merci, à l'impérialisme économique, à un nationalisme extrême, aux conflits armés, à la violence et à la peur. Si une masse critique de gens venaient à exprimer leur soi élargi, non seulement satisferaient-ils spontanément leurs désirs personnels, mais ils changeraient aussi le mode d'expression même de la culture. Dans une société ainsi transformée, l'accent serait mis sur le service plutôt que sur la cupidité, sur la coopération plutôt que sur la compétition, sur l'ouverture des cœurs plutôt que sur la fermeture des marchés. Ses emblèmes seraient la résolution non violente des conflits, la compassion, l'humilité, la paix et la justice économique et sociale.

Si nous regardons le monde d'aujourd'hui, nous observons une hiérarchie confuse d'événements interdépendants et co-émergents. Les spécialistes des sciences humaines affirment que notre comportement collectif génère un environnement non viable, du fait de la diminution des forêts, de l'épuisement des combustibles minéraux et fossiles, qui à leur tour génèrent d'autres effets dévastateurs tels que l'effet de serre, les modifications climatiques, les ouragans et l'augmentation de l'amplitude des marées océaniques. En surface, ces différents événements ne semblent pas liés, mais ils le sont. Ils sont le résultat de notre conscience de soi collective contractée et ils se produisent ensemble, simultanément, de manière synchronique. Conflits religieux, pollution, terrorisme, épuisement de la terre arable, installations nucléaires, toxicomanie, extinction des espèces vivantes, pauvreté, crime, guerre des stupéfiants, industrie d'armement, inondations et famines, produits chimiques dangereux dans la chaîne alimentaire et guerres sont tous en relation acausale.

Si chacun de nous pouvait aspirer à exprimer le soi élargi et si, entre nous, nous pouvions en partager la connaissance et l'expérience, il nous serait peut-être possible de créer un environnement basé sur le respect de la vie et rétablir l'équilibre dans les océans, dans les forêts et la Nature sauvage. Cet environnement transformé, à son tour, générerait la survenue d'événements simultanés qui déboucheraient sur un monde complètement nouveau. Sur cette planète idéale, nous trouverions la paix de l'esprit, un sens du sacré, des partenariats économiques et la prospérité, des industries énergétiques efficaces et propres, une compréhension scientifique de la nouvelle réalité, l'épanouissement des arts et de la philosophie et une véritable conscience de notre inséparabilité. Dans une telle société, nous verrions clairement que l'amour est la force ultime à l'œuvre au cœur de l'Univers.

Votre aptitude à satisfaire spontanément vos désirs est directement proportionnelle à votre expérience de votre soi non localisé. Bien que les traditions de sagesse, en particulier le Vedanta, nous offrent une compréhension intuitive profonde de la nature de la réalité non localisée, ce n'est que récemment que les scientifiques ont commencé à explorer ce domaine d'existence. Tout au long de ce livre, j'ai mis en avant cette nouvelle base scientifique sur laquelle peut s'articuler une compréhension de la synchronicité et de la satisfaction spontanée des désirs. La Fondation Chopra est activement impliquée dans des études menées en collaboration avec des chercheurs, afin d'explorer plus avant la base scientifique de la non-localisation.

La liste qui suit est un choix subjectif de références qui vous permettra d'approfondir la question de la non localisation. Certains articles, parus dans des publications spécialisées, sont très techniques et leur lecture peut être difficile sans formation scientifique. D'autres sources, telles que l'ouvrage de Larry Dossey *Ces mots qui guérissent*, sont très accessibles. Dans l'un ou l'autre cas, cette liste vous est proposée avec l'espoir que vous l'utiliserez pour comprendre encore mieux ce monde où nous sommes tous instantanément connectés, où nous sommes, en fait, inséparablement un.

Choix de références
sur la non-localisation

Astin, J. A., Harkness, E. et Ernst, E. (2000). « The efficacy of 'distant healing' : a systematic review of randomized trials ». *Ann Intern Med* 132 (11), 903-910.

Bastyr University of Washington and the Chopra Center on Neural Energy Transfers Between Individuals Who Have Undergone Chopra Center for Well-Being Programs. A joint collaboration. *Communication interne.*

Braud, W. G. (1990). « Distant mental influence on rate of hemolysis of human red blood cells ». *J Am Soc Psychical Res* 84, 1-24.

Braud W., Shafer, D. et Andrews, S. (1993). « Further studies of autonomic detection of remote starring : replications, new control procedures, and personality correlates ». *J Parapsychol* 57, 391-409.

Byrd, R. C. (1998) : « Positive therapeutic effects of intercessory prayer in a coronary care unit population ». *Southern Med J* 81 (7), 826-829.

Delanoy, D. L. et Sah, S. (1994). « Cognitive and physiological psi responses to remote positive and neutral states ». From proceedings of presented papers, 37th Annual Parapsychological Association Convention, Amsterdam, The Netherlands, 128-138.

Dossey, L. (1993). *Healing Words : The Power of Prayer and the Practice of Medicine.* San Francisco : HarperCollins.

En français : *Ces mots qui guérissent,* Lattès (1995). *Le surprenant pouvoir de la prière,* Trédaniel (1998). *La prière, un remède pour le corps et l'esprit,* Le Jour (1998).

Grinberg-Zylberbaum, J., Delaflor, M. Attie, L. et Goswami, A. (1994). « The Einstein-Podolky-Rosen Paradox in the Brain : The Transferred Potential » (essais de physique). *Rares manuscrits.*

Harris, W. S., Gowda, M., Kolb, J. W., Strachacz, C. P., Vacek, J. L., Jones, P. G., Forker, A., O'Keefe, J. H. et McCallister, B. D. (1999). « A randomized, controlled trial of the effects of remote intercessory prayer on outcomes in patients admitted to the coronary care unit. »

Krucoff, M. W. (2000). « Growing the path to the patient : an editorial outlook for alternative therapies ». *Altern Ther Health Med* 6 (4), 36-37.

Krucoff, M. et al. (2001). « Integrative noetic therapies as adjuncts to percutaneous intervention during unstable coronary syndromes : monitoring and actualization of noetic training (MANTRA) feasibility pilot ». *American Heart Journal* 142 (5), 760-767.

Kwang, Y. et al. (2001). « Does prayer influence the success of in vitro fertilization-embryo transfer ? » *J Repro Med* 46 (9), 1-8.

Nash, C. B. (1982). « Psychokinetic control of bacterial growth ». *J Am Soc Psychical Res* 51, 217-221.

Radin, D. I. (1997). *The Conscious Universe : The Scientific Truth of Psychic Phenomena.* New York : HarperEdge.

En français : *La conscience invisible,* Presses du Châtelet (2000).

Schlits, M. J. (1995). « Intentionality in healing : mapping the integration of body, mind and spirit ». *Alternative Therapies* 1 (5), 119-120.

----------. (1996). « Intentionality and intuition and their clinical implications : a challenge for science and medicine ». *Advances* 12 (2), 58-66.

Schlitz, M. et Braud, W. (1991). « Consciousness interactions with remote biological systems : anomalous intentionality effects ». *Subtle Energies* 1, 1-20.

----------. (1997). « Distant intentionality and healing : assessing the evidence ». *Alternative Therapies* 3 (6), 62-73.

Schlitz, M. et Harman, W. (1999). « The implications of alternative and complementary medicine for science and the scientific process ». In *Essentials of Complementary and Alternative Medicine*. Edité par W. B. Jonas et J. S. Levin. Philadelphia : Williams & Wilkins.

Schlitz, M. et LaBerge, S. (1994). « Autonomic detection of remote observation : two conceptual replications ». From proceedings of presented papers, 37th Annual Parapsychological Association Convention, Amsterdam, The Netherlands, 352-364.

Schlitz, M. et Lewis, N. (été 1996). « The healing powers of prayer ». *Noetic Sciences Review*, 29-33.

Schlitz, M., Taylor, E. et Lewis, N. (hiver 1998). « Toward a noetic model of medicine ». *Noetic Sciences Review*, 45-52.

Schwartz, G. et Chopra, D. » Nonlocal anomalous information retrieval : a multi-medium multi-scored single-blind experiment ». *Communication interne*.

Snel, F. W. et van der Sijde, P. C. (1994) « Information-processing styles of paranormal healers ». *Psychol Rep* 74 (2), 363-366.

Stapp, H. P. (1994). « Theoretical model of a purported empirical violation of the predictions of quantum theory ». *AM Physical Soc* 50 (1) : 18-22.

Targ, E. (1997). « Evaluating distant healing : a research review ». *Altern Ther Health Med* 3 (6), 74-78.

----------. (2002). « Research methodology for studies of prayer and distant healing ». *Complement Ther Nurs Midwifery* 8 (1), 29-41.

Wilber, K. (1996). *A Brief History of Everything*. Boston : Shambhala.

Traduction française : *Une brève histoire de tout*, Mortagne (1997).

Wirth, D. P. (1995). « Complementary healing intervention and dermal wound reepithelialization : an overview ». *Int J Psychosom* 42 (1-4), 48-53.

La Fondation Chopra, institution à but non lucratif, s'est associée avec des dirigeants du monde entier afin de créer une « alliance pour la nouvelle humanité », basée sur les règles de vie développées dans ce livre. Cette alliance réunit des Prix Nobel, des économistes et d'autres sommités, et a comme objectif l'« éveil des réseaux neuronaux de l'esprit de la planète pour créer une masse critique de conscience de paix ». La conscience de paix n'est pas un militantisme contre la guerre, mais la base permettant de manifester le monde que nous voulons tous, pour nous-mêmes et pour les générations futures. Si vous souhaitez rejoindre des « cellules de paix » existantes, ou créer vos propres cellules de paix, visitez notre site Internet, www.chopra.com, par l'intermédiaire duquel vous pourrez rejoindre le site de l'alliance. Nous espérons sincèrement que vous vous joindrez à nous.

Épilogue

COMPRENDRE la nature du soi non localisé est une entreprise si importante et cependant si insaisissable que j'ai rajouté les pages qui suivent à l'intention des lecteurs désireux d'aller plus loin dans l'exploration de ce sujet fascinant. La première partie reprend finalement ce que nous savons déjà, mais pour passer cette fois de la perspective historique et philosophique qui s'enracine dans l'Orient antique à celle des grandes civilisations de la Grèce, de la Rome et de l'Egypte anciennes. Il est toujours précieux de pouvoir regarder les choses d'un point de vue nouveau. La seconde partie est une histoire tirée des grands textes védiques qui illustre « ce qui ne peut être vu mais qui rend la vision possible, ce qui ne peut être connu mais qui rend la connaissance possible, ce qui ne peut être imaginé mais qui rend possible l'imagination. »

J'espère que vous les trouverez utiles.

ONZE IDÉES, ONZE PRINCIPES

Dans les pages précédentes, nous avons vu comment le soi non localisé se différencie dans le Cosmos, et nous avons appris comment faire un usage pratique de cette connaissance

pour la réalisation spontanée des désirs. A cette fin, la tradition de sagesse du Vedanta a été réinterprétée dans notre
contexte moderne, scientifique et contemporain. De crainte
que vous, lecteur, ne pensiez que cette connaissance n'existe
que dans les écoles ésotériques de l'Orient, je présente dans
les paragraphes suivants certaines idées issues de la philosophie hermétique qui sont tout à fait proches de la pensée
orientale, et qui nous sont parvenues en suivant une transmis-
sion qui prend sa source dans les anciennes écoles de la
Grèce, de la Rome et de l'Egypte anciennes.

L'hermétisme est une philosophie mystique qui traite de
magie, d'alchimie et d'autres manifestations du monde spirituel
dans le monde matériel. L'origine de la connaissance hermétique remonte à Hermès Trismégiste, dont on sait peu de choses et dont la date et le lieu de naissance nous sont inconnus.
Les savants pensent qu'il aurait vécu autour de 2000 avant
Jésus-Christ. Nombreux sont ceux qui croient qu'il était un
prêtre égyptien, l'inventeur de l'art et de la science tels que
nous les connaissons dans le monde occidental. Le mystère
d'Hermès Trismégiste – « le trois-fois-grand » – fut abordé par
les mystiques grecs et romains dans plusieurs textes anciens.
La mythologie l'a élevé au rang de divinité – peut-être était-il
Thot, le dieu de la lune à tête d'ibis, divinité égyptienne de la
guérison, de l'intelligence et des lettres. Selon une tradition,
Thot fut l'architecte des grandes pyramides de Gizeh.

Au cours des deux derniers millénaires, la sagesse hermétique a inspiré un grand nombre d'écrits ou d'enseignements
gnostiques. On ne sait pas si ceux-ci étaient à l'origine les
enseignements d'une seule personne ou s'ils exprimaient les
visions mystiques de plusieurs prophètes d'origine grecque,
romaine et égyptienne. Quoi qu'il en soit, les principes fondamentaux de la philosophie hermétiques peuvent être résu-
més comme suit.

La *première idée* est que tout est manifestation de l'esprit. L'esprit est l'état d'être qui donne naissance à l'espace, au temps, à la causalité, à la matière et à l'énergie. Infini et illimité, l'esprit contient la totalité de l'Univers dont nous faisons l'expérience. Rien n'existe en dehors de lui. L'esprit est la source de toute la chaîne d'existence, de la totalité de l'existence. L'Univers surgit de l'esprit, est contenu en lui et, ultimement, disparaît en lui. Cette première idée offre une description très claire du domaine non localisé.

La *seconde idée* est que l'esprit devient manifeste, et qu'il le devient de telle sorte que le tout est contenu dans chaque partie. La science d'aujourd'hui appelle cela le « modèle holographique ». De même que les atomes sont un reflet de l'Univers, le corps humain reflète le corps cosmique et l'esprit humain l'esprit cosmique. Qu'est-ce que cela veut dire ? Cela signifie qu'en chaque chose que vous voyez, qu'en chaque chose concevable qu'il vous est donné d'imaginer existe la potentialité latente de toute chose – d'absolument tout. L'Univers entier est contenu dans chaque point, tout comme l'océan se reflète dans les profondeurs de chaque goutte d'eau.

Dans le Vedanta, cette idée est exprimée par « Ce qui est ici est partout, et ce qui n'est pas ici est nulle part. »

Ce principe signifie que vous n'avez pas besoin de vous mettre en quête de quoi que ce soit pour trouver la vérité. La vérité est toujours ici même, elle vous regarde dans les yeux. Alors, quand nous nous demandons : « S'il y a des êtres humains ici, cela veut-il dire que la vie existe ailleurs dans l'Univers ? », la réponse est oui, absolument. Explorer une molécule est comme explorer une galaxie. De la même manière, tout est contenu dans le fondement de votre propre être. Rumi dit que la totalité de l'Univers est contenue en vous-même, et cela est une vérité fondamentale. Selon la littérature biblique, le royaume des cieux est en vous. Le trésor est ici, juste devant vous. Jésus dit dans le Nouveau Testament : « Demandez et il vous sera donné. Frappez et l'on vous ouvrira. Cherchez et vous trouverez. »

Notre système éducatif est basé sur le fait d'accumuler une quantité toujours croissante d'informations, mais en vérité plus nous accumulons d'informations plus nous devenons confus et plus nous perdons de vue la sagesse qui est déjà naturellement en nous. Aussi, apprenez à demander la vérité de vous-même. Apprenez à frapper à la porte de votre propre être. C'est ce que l'on appelle intuition, créativité, vision et prophétie. C'est la raison pour laquelle le sage est focalisé sur celui qui voit et non sur ce qui est vu. Celui qui voit est le soi non localisé.

La *troisième idée* énonce que tout est vibration, que la conscience consiste en des vibrations de différentes fréquences, desquelles découlent toutes les formes et tous les phénomènes de l'Univers. Les êtres humains sont des champs d'énergie consciente, de même que le reste de l'Univers. Si vous voulez changer le monde autour de vous, la seule chose que vous ayez à faire est de changer la qualité de votre propre vibration ; en changeant cela, la qualité de ce qui vous entoure change également. À propos, c'est pour cette raison que les soutras fonctionnent. Ils offrent un moyen spécifique de créer une certaine vibration de l'esprit, ou une saveur particulière du soi non localisé.

Les situations, les circonstances, les événements et les relations que vous rencontrez dans la vie sont un reflet de l'état de conscience dans lequel vous vous trouvez. Le monde est un miroir. Si vous êtes ancré dans votre soi non localisé, le monde entier vous est disponible.

La *quatrième idée* est que le changement est la seule et unique constante. Tout est impermanent. Essayer de retenir quelque chose est comme retenir sa propre respiration ; si vous le faites assez longtemps, vous étouffez. En dernière analyse, le seul moyen d'acquérir quoi que ce soit dans l'Univers physique est de le laisser aller et de ne pas s'y accrocher.

C'est là un point très délicat. Cela signifie que l'on obtient les meilleurs résultats lorsqu'on se focalise sur le processus plutôt que sur l'objectif. Se focaliser sur le résultat engendre de l'anxiété et du stress, qui interfèrent avec le flux spontané de l'intelligence qui s'écoule du domaine non manifesté (l'esprit) au domaine manifesté (le monde matériel). Le fait que le changement est la seule constante signifie que nous vivons perpétuellement dans l'inconnu.

Tout ce que nous appelons le « connu » est passé, et la seule chose que nous pouvons en dire avec certitude est que ce n'est plus là. Le connu est la prison du conditionnement passé. L'inconnu est toujours frais, ce qui est une qualité du champ des possibilités infinies. Les maîtres zen, les adeptes des arts martiaux et les grands maîtres spirituels nous conseillent inlassablement d'aller avec le courant. Le courant, le flux, est le domaine du changement. Ce qui ne change pas décline et meurt. Le changement est la danse et le rythme de l'Univers. Avoir une intention totalement focalisée, aller avec le flux du changement et être en même temps détaché du résultat : voilà les mécanismes de la réalisation des désirs, qui orchestrent la synchrodestinée.

La *cinquième idée* est que tout – expérience, attitude ou objet – contient son opposé. En fait, quoi que ce soit que vous ayez à l'instant même, bon ou mauvais, a sa contre partie. Quelle que soit, par exemple, la profondeur des abysses de la dépression où vous pouvez vous trouver, si vous en identifiez l'opposé – ce peut être la joie, ou la gratitude – et si vous lui accordez votre attention, vous verrez que cette qualité commence à croître dans votre conscience. Retirer votre attention du désespoir et la placer sur le bonheur fait véritablement s'épanouir la nouvelle sensation. De la même façon, si vous êtes au summum de l'extase, soyez conscient que son opposé chemine à ses côtés. En étant attentif à ce principe – à savoir que toute la création est basée sur la co-création et la co-existence d'opposés –, vous pouvez utiliser la qualité de votre attention pour mettre en valeur tout aspect de l'expérience que vous désirez.

La *sixième idée* est que chaque chose a un rythme. Le cycle de la vie en est un exemple classique : la conception est suivie de la gestation, de la naissance, de la croissance, de la maturité, de la mort et du renouveau. Toutes les choses se manifestent en cycles. La synchronicité implique d'être conscient du fait que les cycles et les saisons de la vie sont coordonnés aux cycles et aux saisons du Cosmos. Selon une expression chinoise, « Fleurs du printemps, brise d'été, feuilles d'automne et neige de l'hiver : si vous y êtes totalement accordé, c'est la meilleure saison de votre vie. » Quand vous êtes enraciné dans la conscience de l'instant présent, centrée sur la vie, vous êtes en contact avec votre soi non localisé qui orchestre la danse de l'Univers. Lorsque vos rythmes sont en harmonie avec les rythmes de l'Univers, la synchrodestinée déploie sa magie.

La *septième idée* est que chaque événement a une infinité de causes qui conduisent à une infinité d'effets. La soi-disant « relation de cause à effet » n'est pas linéaire. Nous avons exploré ce principe, que nous avons appelé « co-émergence interdépendante », et c'est le phénomène qui nous permet d'utiliser la synchrodestinée afin de voir les schémas et les structures derrière chaque événement.

La *huitième idée* énonce que l'énergie créative de l'Univers se reflète également en tant qu'énergie sexuelle. Tout ce qui existe est né de cette énergie primordiale. C'est elle qui donne naissance à un enfant, c'est par elle qu'une fleur vient à s'épanouir, qu'un fruit mûrit. Rien, dans la création, ne déroge à ce principe. Chez les êtres humains, cette énergie primale se manifeste sous forme de passion, d'exaltation et d'excitation. Quand nous sommes en contact avec notre soi non localisé, nous faisons spontanément l'expérience de l'enthousiasme et de l'inspiration. Le mot *enthousiasme* contient deux racines : « en » et « theos ». Cela signifie être un avec Dieu, ou avec le soi non localisé (le mot *inspiration* veut également dire « être un avec l'esprit »). L'inspiration, l'enthousiasme, la passion et l'excitation donnent l'énergie à nos intentions et accélèrent ainsi la réalisation spontanée de nos désirs.

La *neuvième idée* affirme que nous pouvons diriger l'énergie primordiale au moyen du pouvoir de l'attention et de l'intention. Comme nous l'avons vu, tout ce sur quoi nous dirigeons notre attention (nous en faisons ainsi le point focal de cette énergie) s'épanouit. Tout ce à quoi nous retirons notre attention commence à dépérir. L'attention et l'intention sont les clés de la transformation, que leur objet soit une situation, une circonstance, une personne ou une chose. Les soutras de ce livre sont des codes pour déclencher et activer l'intention et l'attention.

La *dixième idée* est que nous pouvons parvenir à l'harmonie au moyen de ces forces et de ces éléments du Cosmos que nous appelons masculins et féminins. Une philosophie hermétique appelée « les principes du genre » affirme que la véritable passion ne peut survenir que si les forces féminines et masculines dans votre être sont équilibrées. L'énergie masculine active des qualités telles que l'agressivité, le pouvoir de décision, l'action et le courage, tandis que l'énergie féminine peut se percevoir dans le goût pour la beauté, l'intuition, le côté nourricier, l'affection et la tendresse. Les grandes œuvres d'art impliquent toujours une interaction harmonieuse du masculin et du féminin, du yin et du yang. Le soutra *shiva shakti* est destiné à activer l'interaction harmonieuse des énergies archétypales masculines et féminines de votre soi non localisé.

La *onzième idée* énonce que la nature profonde de chaque être, aussi mauvais qu'il puisse paraître, est amour, et que cette qualité essentielle peut toujours être révélée en dévoilant notre propre amour. Ainsi, l'amour n'est pas qu'un sentiment ; c'est la vérité ultime au cœur de toute création. Il est inconditionnel et illimité, et il irradie lorsque nous sommes en contact avec notre soi non localisé.

Ces onze principes sont en fait les principes de l'alchimie que l'on trouve dans l'œuvre de Hermès Trismégiste, dans le Vedanta et dans toutes les philosophies pérennes de l'humanité. Dès lors que nous avons intégré ces idées, nos propres attitudes intérieures, nos pensées, nos rêves et les sentiments que nous éprouvons en réponse aux diverses situations de la vie deviennent beaucoup plus vastes. Par exemple, lorsque nous devenons pleinement harmonisés aux cycles, aux rythmes et aux saisons de la vie, il n'y a pas de situation particulière qui puisse nous affliger ou nous mettre hors jeu.

L'HISTOIRE DE SVETAKETU

L'histoire suivante, extraite de l'un des plus grands textes du Vedanta, le Chandogya Upanishad, décrit magnifiquement la nature du soi non localisé.

Il y a des milliers d'années, le grand sage Uddalaka Aruni envoya son fils de douze ans, Svetaketu, auprès d'un grand maître afin qu'il apprenne à connaître la réalité ultime dans toute sa profondeur. Durant une douzaine d'années, Svetaketu étudia sous la direction de son maître et mémorisa tous les Vedas. À son retour, son père constata que son fils agissait comme s'il avait appris tout ce qu'il était possible d'apprendre. Uddalaka décida donc de poser une question au jeune homme.

« Mon fils lettré, quelle est donc cette chose qui ne peut être entendue mais qui rend l'audition possible, qui ne peut être vue mais rend la vue possible, qui ne peut être connue mais rend possible la connaissance, qui ne peut être imaginée mais rend possible l'imagination ? »

Svetaketu, perplexe, restait silencieux.

Son père reprit : « Lorsque nous connaissons une seule particule de terre, tous les objets de terre sont connus. Lorsque nous connaissons un seul grain d'or, tous les objets d'or sont connus. La différence entre une pièce d'orfèvrerie en or et une autre ne réside que dans leur nom et leur forme. En réalité, tous les bijoux sont seulement de l'or, et tous les pots sont seulement de la terre. Peux-tu me dire, mon fils, quelle est cette chose par laquelle, si on la connaît, on peut tout connaître ?

« Hélas, mon maître ne m'a pas donné cette connaissance, répondit Svetaketu. Le feras-tu ? »

« Très bien, dit Uddalaka. Je vais te la dire.

« L'Univers entier est une réalité, et cette réalité est pure conscience. La pure conscience est l'existence absolue. C'est le Un qui n'est pas suivi d'un Second. Au commencement, le Un se dit à lui-même : 'Je vais me différencier en multitude, et devenir ainsi tous ceux qui voient et tout ce qui est vu.' Le Un entra dans la multitude, et devint le Soi de chaque chose. Les êtres de toutes les choses sont le Un, et cet Un est l'essence subtile de tout ce qui existe. Tu es cela, Svetaketu.

« De cette même façon, les abeilles font du miel à partir du nectar de nombreuses fleurs, mais une fois que le miel est fait, le nectar ne peut dire 'je proviens de cette fleur-ci, ou de celle-là'. De même, lorsque tu te fonds dans ton Soi non localisé, tu deviens un avec le Soi de tout ce qui existe. C'est le véritable Soi de toute chose, et toi, Svetaketu, tu es cela. »

« Eclaire-moi davantage, mon père », répondit le jeune homme.

Uddalaka fit une pause avant de reprendre. « Le fleuve Gange s'écoule vers l'est. L'Indus s'écoule vers l'ouest. Cependant, tous deux finissent par devenir la mer. Une fois devenus la mer, ils ne pensent plus 'je suis le Gange' ou 'je suis l'Indus'. De même, mon fils, tout ce qui existe a sa source dans le Soi non localisé, et ce Soi est l'essence la plus subtile de toute chose. C'est le vrai Soi. Svetaketu, tu es cela.

« Lorsque le corps décline et meurt, le Soi ne périt pas. Le feu ne peut le brûler, l'eau ne peut le mouiller, le vent ne peut le sécher, les armes ne peuvent l'anéantir. Il est incréé, il n'a ni commencement ni fin. Au-delà des limitations de l'espace et du temps, il pénètre l'Univers entier. Svetaketu, tu es cela. »

« Eclaire-moi encore, père », dit Svetaketu avec enthousiasme.

« Apporte-moi un fruit de l'arbre *nyagrodha* », demanda Uddalaka.

Svetaketu amena le fruit.

« Ouvre-le. »

Svetaketu obéit.

« Que vois-tu, mon fils ? »

« De toutes petites graines, père. »

« Maintenant, casse une de ces graines. »

Svetaketu cassa une petite graine.

« Que vois-tu, mon fils ? »

« Je vois qu'il ne reste rien, père. »

« Ce que tu ne vois pas est l'essence subtile, et la totalité de l'arbre *nyagrodha* en provient. De même, l'Univers germe et surgit du Soi non localisé. »

Pour finir, Uddalaka demanda à Svetaketu de placer un petit cube de sel dans un seau d'eau. Le lendemain, le sage demanda à son fils de lui redonner le morceau de sel.

« Je ne peux te le rendre, dit le jeune homme. Il s'est dissout. »

Uddalaka demanda à son fils de goûter la surface de l'eau. « Dis-moi, comment est-elle ? »

« Elle est salée, père. »

« Goûte-la au milieu, et dis-moi comment elle est. »

« Elle est salée, père. »

« Goûte-la au fond, et dis-moi comment elle est. »

« Elle est salée, père. »

« Tout comme le sel est localisé dans le cristal et se disperse dans l'eau, ton Soi est localisé dans ton corps en même temps qu'il pénètre l'Univers entier.

« Mon cher fils, dit Uddalaka, tu ne perçois pas le Soi dans ton corps, mais sans lui les perceptions seraient impossibles. Tu ne peux conceptualiser le Soi, mais sans lui la conceptualisation serait impossible. Tu ne peux imaginer le Soi, mais sans lui l'imagination serait impossible. Cependant, quand tu deviens le Soi et quand tu vis au niveau de ce Soi non localisé, tu es connecté à tout ce qui existe parce que le Soi est la source de tout ce qui existe. Vérité, réalité, existence, conscience, absolu – appelle-le comme tu veux, c'est l'absolue réalité, le fondement de tout être. Et tu es cela, Svetaketu.

« Vis à ce niveau, Svetaketu, et tous tes désirs se réaliseront parce qu'à ce niveau ils ne seront pas seulement tes propres désirs, ils seront alignés sur les désirs de tout ce qui existe. »

Svetaketu pratiqua tout ce qu'il avait appris et devint l'un des plus grands sages de la tradition du Vedanta.

Remerciements

À TOUS les étudiants qui ont participé aux formations sur la synchrodestinée au centre Chopra depuis des années ; en l'expérimentant, vous avez validé la connaissance présentée dans ce livre ;

À Sarah Kelly, Kristin Hutchens et Jill Romnes, pour votre assistance si précieuse et si essentielle dans ces formations ;

À mon associé, David Simon, pour ses discussions stimulantes et vivifiantes, qui élargissent sans cesse l'horizon intellectuel ;

À Carolyn Rangel, Felicia Rangel et Anne Marie Girard, pour leur engagement envers cette connaissance et son développement ;

À mon éditeur américain, Peter Guzzardi, pour son impeccable talent et son aide à la préparation du manuscrit ;

Aux membres de l'équipe du Centre Chopra, pour votre soutien qui rend possible tout ce que je pourrais réaliser.

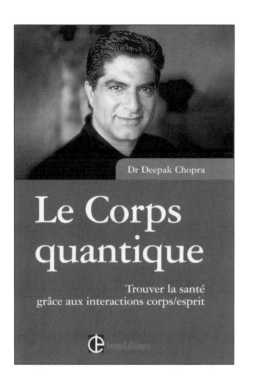

Dr Deepak Chopra

Le Corps quantique

Trouver la santé
grâce aux interactions corps/esprit

InterEditions

Dr. Deepak Chopra

Un corps sans âge, un esprit immortel

Réponse de notre temps au vieillissement

InterEditions

047378 - (IV) - (4) - OSB 100° - NOC - MPN

Imprimerie Nouvelle
45800 Saint-Jean de Braye
N° d'Imprimeur : 412189H
Dépôt légal : janvier 2005
Dépôt légal de la 1re édition : avril 2004

Imprimé en France